父母做这9件事，孩子从厌学变爱学

刘亮——著

中国妇女出版社

图书在版编目（CIP）数据

父母做这9件事，孩子从厌学变爱学 / 刘亮著. --北京：中国妇女出版社，2020.6（2026.1重印）
ISBN 978-7-5127-1858-6

Ⅰ.①父…　Ⅱ.①刘…　Ⅲ.①青少年－学习心理学　Ⅳ.①G442

中国版本图书馆CIP数据核字（2020）第059691号

父母做这9件事，孩子从厌学变爱学

作　　者：刘　亮　著
责任编辑：应　莹　闫丽春
封面设计：主语设计
责任印制：王卫东
出版发行：中国妇女出版社
地　　址：北京市东城区史家胡同甲24号　　邮政编码：100010
电　　话：（010）65133160（发行部）　　65133161（邮购）
网　　址：www.womenbooks.cn
法律顾问：北京市道可特律师事务所
经　　销：各地新华书店
印　　刷：三河市嘉科万达彩色印刷有限公司
开　　本：145×210　1/32
印　　张：7.5
字　　数：145千字
版　　次：2020年6月第1版
印　　次：2026年1月第14次
书　　号：ISBN 978-7-5127-1858-6
定　　价：49.80元

推荐序

用“头痛医脚”的系统思维应对厌学

记得儿时有这么一首歌：“小么小儿郎，背着那书包上学堂，不怕太阳晒，也不怕那风雨狂，只怕先生骂我懒呀，没有学问喽，无颜见爹娘……”那时在孩子的心里，学习是一件完全自发且充满快乐的事，也是一件能够改变自己命运，进而自我实现，为社会作出贡献的光荣之举。

然而，不知从何时开始，厌学却成了社会、学校、家长、精神科医师和心理咨询师绕不开的一个社会现象和难题。一个个正值学龄期的孩子，正当他们畅游在知识的海洋，享受学习的乐趣的时候，却莫名其妙地拒绝上学。这对家长和老师来说简直是一件不可思议，甚至完全无法接受的事。

父母不明白，“知识就是力量，知识改变命运”“书中自有颜如玉，书中自有黄金屋”之类体现中国人重视教育的古训，为何在厌学孩子的心中就变得一文不值。他们想尽办法想让孩子重新回到学校，乖乖上学。然而他们却发现，自己越用力，孩子就越发反抗和拒绝。

在我自己的诊室里，几乎每次出诊都会看到家庭当中父母和孩子之间的这种“拔河”，而这种拔河的结果往往容易两败俱伤。一边很可能留下一个社会功能退化、无法长大离家、对父母满腹怨恨的啃老族孩子，而另一边则留下一对无奈、愤怒和无助的父母。

作为以系统思维指导诊疗工作的精神科医生，我们把厌学当作一个系统的问题。社会、学校、家庭和个人的多层面因素交织在一起，它们互为因果、互相掣肘，形成大大小小的恶性循环或“怪圈”。比如，急功近利的社会环境、烦躁不安的学校氛围、焦虑不定的家庭人际关系，与那些自信不足、持“非黑即白”思维方式的学生相遇时，厌学情绪和行为便更容易产生。很难说清究竟是哪种单一因素引发了厌学，也很难说清厌学到底是家庭冲突的结果，还是导致家庭冲突的原因。因此，如果我们在面对有厌学情绪或行为的孩子时，抱着传统的线性因果观念，认为唯一的问题就在学生身上，将其看作需要修理的“病人”的话，那么我们基本上会成为另一个尝试让孩子回去上学而不成功的失败者。

在我看来，厌学是孩子所处的社会及家庭系统功能不良的表现和写照。所谓“头痛医脚”，要帮助孩子改变对上学的态度，需要扰动的不仅仅是他个人，更需要对其所处的学校、社区和家庭系统做改变，比如处理父母的焦虑、亲子互动中功能不良的沟通方式、当代青少年的“空心病”等议题。当系统改变后，身处其中的孩子对学业的感受、想法和反应才会改变。

刘亮是我的博士研究生，他读硕士和博士期间研究以家庭为单位的心理治疗，用5年的时间研究了我国本土专家的家庭心理治疗过程和方法，还去哈佛大学接受联合培养，在那个以70多年来纵向研究人生全程心身健康而闻名于世的成人发展研究所（Lab of adult development）学习一年。毕业后一直专注于儿童青少年心理健康、家庭人际关系冲突、婚姻情感领域的系统式心身医学工作。他也是一名“脚踩两条船”的非典型精神科医生，相信对于心理困扰的处理，单纯的生物医学药物治疗作用有限，而更应当关注来访者的心理、社会和家庭人际关系的背景及需求。他让我很欣慰地看到，在他作为医生工作以来，已经将所学及所见有机地应用到了自己的临床工作中。

同时，刘亮也是一位比较特别的精神科医生。他除了在同济大学、上海交大精神卫生中心受到严格正规的研究生及住院医师的规范化培训，还对当下年轻人感兴趣的不少事物有深入的了解，包括动漫、娱乐新闻和明星八卦等，而且他自己就是一名资深电竞玩家。这样的背景使得他在为厌学、受情感困扰、上网成瘾的儿童青少年做心理咨询及心理治疗时，有独到的见解和优势。他能够更快速、贴切和深入地体会到这些来访者的心情，理解他们的想法，并且能够更高效地帮助他们。

也正是有长期解决被厌学困扰的家庭的心理治疗工作的经验，刘亮从中总结和提炼出了厌学现象形成与维持的社会、心理、家庭和个体因素。本书结合系统家庭治疗的理论，对引发厌学的各层面因素及其相互影响方式做了详细而深刻的阐述。该书的语言简练、生动，非常接地气，你在阅读时也许会感到那些看上去深奥的心理学知识，其实并没有那么复杂。

同时，本书还基于中国本土的文化经验，从父母婚姻关系、亲子互动方式、孩子个体发展等多个层面，为厌学现象的应对提出了可操作性建议。这些建议虽然看上去并不是直接奔着让孩子回学校的目标而去的，但它们却有着隔山打牛的功效，帮助家长通过改变自身和家庭，进而促进孩子与上学达成和解。在专业的心理治疗界，这种看似隔靴搔痒的方式对摆脱厌学等心理困扰的效果，也得到了部分实证研究的证实。

当然，任何一本书都无法穷尽对某个现象所有知识的描述和解决之道，本书也不例外，但我认为这也许并不重要。因为就人的想法、感受和问题解决之道而言，本就不存在绝对的、唯一的真理。系统治疗相信，在处理人的心理问题时，建构主义的说法——“现实是被发明的，而不是被发现的”——是有些道理的。既然厌学也可能是被构建的社会心理现实，是一场看上去人人都在努力“再加一把劲儿”，却没有赢家的“游戏”，那就让咱们试试，能不能通过叙事、合作对话，通过扰动和重建家庭及学校的游戏规则，来把它“解构”掉。

本书的目的更多的是给被厌学困扰的家庭以及教育工作者提供更丰富的看待厌学的视角，以及应对方法。而这些应对方法，当然也不可能是放之四海而皆准的。至于它们是否有效，是如何起效的，还需要各位读者在现实生活中去进一步体会和检验。

赵旭东
同济大学医学院教授　博士生导师
2019年10月9日于上海

视角不同，结局就不同

这些年，我在心理治疗门诊接触过数千个案例，其中最多的当属孩子不上学。

孩子不上学有程度之分。起初，孩子对学习失去兴趣、缺乏学习动力、被动学习，逐渐地出现了抵抗学习的现象——厌学。之后，提起上学，孩子会有较大的情绪反应，紧张、焦虑、恐惧，即所谓的恐学，最后，干脆就不上学，发展下去会越来越严重，甚至长期躲在家里，走不出家门。尽管在临床心理学领域，这还是一个小而专的方向，但从20世纪90年代开始，孩子不上学已越来越受到广泛的重视，特别是在中国、日本、韩国等国家，孩子厌学的现象越来越多，越来越普遍。

孩子不上学是个棘手的问题。几年前，我的一次关于“孩子不上学”的网络公益微课，在线十几万人，课后听众的问题像雪片一样；在亚洲第三、四届家庭治疗大会上，我先后报告了这些年我们团队在与厌学孩子及家庭工作时的经验和心得；在2019年

8月中国心理学会注册系统大会上，我的工作坊“针对拒学孩子及家庭开展的系统治疗工作”人员爆棚，地上都坐满了与会者。厌学、恐学、拒学，困扰着孩子和家长，也困扰着社会；既是家长最头疼的事，也是专业工作者比较棘手的事。

孩子不上学的系统性解释。系统的视角认为：孩子厌学、恐学和拒学的行为，是环境中各种关系交织在一起产生的结果，是家庭系统目前的互动模式并持续外显的部分，行为背后可能隐藏着很多家庭里潜在的没有解决的矛盾；也是维持家庭关系的一种策略，可能是解决当前家庭问题最有效的办法；更是家庭寻求改变的最好契机，同时也是心理治疗师进入家庭的入口。文献研究表明，学校可能是孩子厌学、恐学和拒学的诱发因素，但问题的源头在家庭中。

孩子不上学的综合干预。孩子不上学需要多模式的诊疗方案。第一，关注孩子个体发展。每个孩子都不同，需要给予个体化的关注和理解，分析每个孩子的具体情况，如诱发因素、危险因素和保护因素等。第二，激活各种资源，提供社会心理支持。第三，针对拒学孩子的家庭开展工作。帮助父母面对孩子不上学而带来的羞耻感，早期诊断、早期治疗；处理面子问题，降低心理压力，缓解紧张、焦虑，增加自信；改善父母对孩子的过度照顾，给予孩子空间，培养孩子独立面对挫折的能力；提升父母与孩子相处的信心，找回父母的活力，在亲子关系中重拾自信；解决家庭未解决的冲突，打开家庭的“心结”。

孩子不上学的专业团队建设。对于孩子不上学的专业帮助，需要多学科合作，更需要家长、老师、学校、社会和专业人员的团队协作。其中，心理咨询与治疗的专业人员训练尤为重要。这些年，我与赵旭东教授一起，致力于专业人员的系统思维训练，通过连续培训、理论讲授、现场演示、角色扮演、小组练习、案例督导、过程研究、科普分享、图书出版等途径，不断提升专业人员在系统框架下工作的胜任力，担负起专业的责任与使命，为变迁中的社会转型贡献微薄之力。

刘亮博士是我们这个专业团队中重要的一员，他以厌学作为关注的焦点，结合临床上实际的案例，系统地分析和整理与厌学相关的议题，提出解决之道。但愿他的这本书，能对大家有启发和帮助。

最后，想跟大家分享我的一条多年临床经验：人和家庭都有着无限的发展潜能，孩子的问题大多数都是发展中的问题，无论是几个月还是几年，绝大部分不上学的孩子及其家庭，都有较好的预后和令人满意的结局。

孟　馥
同济大学附属东方医院临床心理科主任医师
2019年10月2日于浦东陆家嘴

前　言

“你不上学怎么行呢？不上学你以后能干什么呢？”

“反正我就是不想上学。”

“现在我们还能养你。以后要是我们老了，你没有文凭，没工作，怎么办？”

“我当然知道这个道理，但无所谓，我就是不想上学。我还想问不知道是谁发明了学校这么无聊的东西呢，非要逼别人去做不愿意做的事。”

这样的对话，几乎天天发生在我的诊室里。不知从什么时候开始，“厌学”（School refusal）渐渐成为学校、老师、家长和孩子绕不开的痛点。一边是对上学毫无兴趣、恐惧、纠结、精力不济的孩子，一边是忧心忡忡，绞尽脑汁想尽办法，却始终无法让孩子安心上学的父母。父母们搞不明白，好好的孩子，怎么突然就不想上学了呢？他们恨不得钻到孩子脑子里一探究竟，看看孩子在想什么，搞清楚到底是什么让他们不去上学。

此时的父母，内心往往充满纠结。一面看着孩子不上学，如热锅上的蚂蚁，日夜催促孩子；一面又怕说得多了孩子烦，反倒起反作用，让孩子更加厌恶上学，弄巧成拙。而孩子们，有的对上学毫无兴趣，索性成为“伪佛系”青少年，随波逐流，完全找不到未来的人生目标；有的呢，则是一边对学校充满恐惧和厌恶，一边又觉得自己应该去上学，进退两难，苦不堪言。所以，两边僵持到最后，几乎没有赢家。一边是为了孩子筋疲力尽，留下满腹困惑和无奈的家长；一边是投入了大量时间精力，最后学业无成，空留一身彷徨的孩子。

那么，我们真的拿厌学没有办法了吗？答案当然是否定的。虽然厌学让所有家长都很头疼，但我们依然可以通过先了解它背后的原因及意义，对它进行有针对性的干预。请注意，在此处我强调的是先了解孩子厌学的原因，然后才能讨论我们应该使用何种对策。

之所以强调这一点，是因为我们在面对问题时，最习惯做出的反应是直接寻找所谓的解决办法，却对搞清楚问题是为何及如何发生的毫无兴趣。但是，这其实是一种自相矛盾的习惯——如果我们连问题是什么，原因又是什么都不清楚，又怎么会知道哪种解决办法是有效的呢？在不清楚问题卡在何处时就盲目尝试，其结果极有可能是花费了大量精力，最后却毫无效果，空留下一肚子疑惑和挫败感。

因此在本书第二部分，我将系统地阐述可能引发和维持孩子厌学情绪和行为的因素。通过阅读这一部分，你可能会发现，厌学现象的成因其实是复杂的，绝对不是一句简单的“学习压力大”“心态不好”“对学习没兴趣”“学习方法不对”“青春期的叛逆”所能涵盖的，它涉及社会、学校、家庭、个人，甚至医学等多个层面，这些因素既相对独立又彼此相关。换言之，厌学是一个系统问题，是学生背后的社会、学校和家庭系统出现问题的综合结果。因此，要想摆脱厌学的困扰，我们也需要在上述多个层面同时做工作。

在此还需要澄清一点，我接下来将要分享的对于厌学现象的理解，完全是从我与中国厌学孩子的心理咨询工作经验中提炼和总结所得，而非对西方心理学相关理论舶来物的改装，也不是所谓用既往陈旧经验“新瓶装旧酒”。我在平日的临床心理工作中，每年至少要接待100个被厌学现象困扰的家庭。这其中有经过1~2次家庭治疗（Family therapy，即通过与整个家庭会谈来改变家庭氛围，进而帮助家庭中有心理困扰的孩子的心理治疗方法）或经个体心理咨询就成功返校的学生，也有经过几十次咨询、耗时几年才恢复学业或走出家门面对现实的来访者。既有返校后逆袭考入重点名校的学生，也有复学后经过努力发现自己不善学术、最后另寻出路者。既有刚上小学一年级的小学生，也有专注于科学研究的研究生。既有就读于所谓一般学校成绩垫底的“学渣”，也有在国际名校深造、在校排名数一数二的“学霸”。既有家庭经济困难、生活艰辛的平民家庭，也有家产几辈子都用不完、生活讲究的富豪家庭。

你会发现，厌学其实并不是某个年龄段、某一小部分学生或是某些社会阶层的家庭的“专属物”，任何学生或家庭都有可能遭遇厌学的问题。实际上，在我工作的医院中，我们还有专门的临床科研项目探讨厌学现象的成因和应对策略，该课题已经持续了3年，此过程中接待和处理案例超过300例。本书所呈现的知识、观点和经验主要是该项目临床经验和科研结果的结晶，是百分之百基于实践和中国社会文化的本土化干货。

一看到“研究”二字，你的第一反应可能是“枯燥”“高深”或“看不懂”等。在此我可以保证的是，“科研范儿”不是本书的行文风格。其实，在本书中我会尝试用通俗易懂的语言分享我对厌学现象的理解，并结合实际案例给出建议。此外，为了保护案例家庭的隐私，我在本书的案例故事部分对他们的个人信息做了必要的修改。当然，你在阅读这些案例故事时，可能会发现和你所经历的某些情况比较相似，因为每个人都会在别人的人生里看到自己的人生，在别人的故事里看到自己的故事。所以，在本书中，我讲的虽不是你的故事，却也是你的故事。

目 录

第一部分　厌学——社会、家庭与个人之痛

面对厌学这一新出现的时代现象，不管是在国内或国外，现在都没有专门针对厌学的现成的心理治疗方式可供我们借鉴。所以，在面对厌学时，我们绝不能像购买进口化妆品和包包那样一味迷恋国外的，而更需要具有扎根于中国本土文化的“硬货”。

第一章　关于厌学，我们已知的有多少？

“厌学”其实并不是中国特有的现象。在西方发达国家，以及一些亚洲邻国，比如印度，同样存在厌学的现象。因为经济发展比较早，也比较完善，所以西方国家对厌学现象的思考早于我们。早在20世纪90年代，他们就开始注意到，在丰衣足食的幸福时代，居然有一群孩子不愿意上学。按道理说，吃穿住行等基本生存需要满足后，人自然就该安心追求更高阶层的精神层面的东西，比如自我成就感、他人的认同和自我实现等。祖辈们辛辛苦苦求生存，跑生活，为子孙们创造了吃不完的“面包”、读不完的浩瀚书海和冬暖夏凉的教室，怎么还会有孩子嫌弃这来之不易的优越生活，宁愿放弃舒适、优越和崇高的精神层面提升——读书呢？这些孩子为什么宁愿成天待在家里，或是在残酷的社会上游荡，也不愿意去学校呢？

对此，社会学家和心理学家们召集了不少厌学的孩子，对他们进行了访谈，费尽心思想搞清楚究竟是何原因导致孩子不想读圣贤书，还专门发明了用来测量厌学心态的量表。比如克里斯托弗·A. 科尔尼（Christopher A. Kearney）提出的厌学其实是一个比较复杂的现象。他指出厌学主要有四个方面的原因：

1）为了获得父母的照顾及关注。你可能会奇怪：这是什么意思呢？通俗地说，就是有一部分孩子在童年时期，大概从出生开始到上学前这段时间，没有得到来自父母足够的关心和爱护。常见的，父母中的某一方在孩子幼年时因入狱或其他原因而在孩子的童年中缺席，或是有的父母本身在孩子幼年时对孩子的态度比较冷淡，或是父母离异后将孩子扔给某些更加冷漠的亲戚或朋友照顾等。这种童年重要他人关注和照料的缺失和不足，会使得某些孩子在学龄期以各种不可思议的理由拒绝上学。比如，我曾经见过一个厌学的初二男孩，他的妈妈在他8岁时入狱，当时爸爸因此和妈妈离了婚。之后父亲一直忙于生意，无暇照顾男孩，绝大部分时间把他放在姑姑家。男孩从小学习一直很认真努力，在他的记忆中，只有看到他成绩单上的分数在95分以上，爸爸才会有心情和他多待一会儿，才会愿意和他说几句话。在探监看望妈妈时，妈妈也只有在听到他考了好成绩时脸上才会有笑容。因此，好成绩似乎成了男孩能得到爸爸关注、换得妈妈快乐的唯一有效方式。

后来妈妈在男孩高二下学期时出狱，男孩自此再也不愿去上学了。在他不上学后，家庭发生了“奇妙”的变化。爸爸和妈妈都开始主动关注他，每天只要没事就陪伴在他身边，爸爸常常陪他玩游戏、看动漫，妈妈没事就带他逛街买衣服、去游乐场。甚至父母还为了让男孩心情愉快，不情愿地复了婚，只是为了给他一个“温暖”的家。用男孩自己的话讲：“其实我真的很不喜欢上学，但以前学习对我来说就像一项生存技能，因为只有一直考高分，爸爸才愿意陪我，妈妈才愿意对我笑。现在，厌学让我有机会获得了童年没有得到的父爱和母爱，重新体验了一次之前不曾体验过的家庭温暖，重新享受了一次温暖的童年。”

在咨询中问清这些前因后果后，我对这个男孩说：“这听上去确实是弥补童年或家庭遗憾的一个方法，不上学让你们的家庭暂时达到了一种平静和睦的状态，但这样做最终的代价会是什么呢？”男孩其实很聪明，他听出了我话中隐藏的挑战。他说，自己只是不喜欢上学，但并不代表自己会一辈子用这种牺牲自己前途的方法留在家里，获取父母的关心，维护父母之间的“伪和谐”。后来男孩休学半年，去爸爸的公司见习了一段时间，发现社会其实很残酷，没有文凭其实很艰难，最后还是决定“勉为其难”，继续完成高中学业。后来他考上了一所离家较远的另一座城市的大学，听说成绩还不错。

2）为了避开某些自己不想面对的学校人际关系。这部分主要涉及同学和师生关系，有许多厌学的孩子在学校曾经受到来自老师或同学不友善的对待，有的甚至是学校霸凌。当然除了极少数极端情况外，这种局面的出现很少是学校同学或老师单方面的过错。有许多厌学学生在情绪表达和管理，以及人际沟通方面确实存在一些问题。这往往使得周围的老师和同学更加讨厌他们，他们因此和周围的人更加疏远，形成一种恶性循环。

比如有一个男生，他在初一时拒绝继续上学，原因是他常感觉被同学冒犯，在与人交往时又不知如何用语言表达自己的情绪，只会用肢体攻击表达。所以他常常和同学发生冲突，最后几乎被全班同学孤立，而这种情况从他小学时就一直存在。这个男生来找我时，我发现他的父母在平日互相沟通时也是剑拔弩张。夫妻俩看似和睦，实则压抑了许多对彼此的不满。在短短的50分钟咨询里，父母基本上一逮住机会就会对对方冷嘲热讽，却很少真正去倾听、理解和安慰对方，而他们这种情绪交流方式也移植到了和儿子的沟通中。孩子从小就没有从父母身上学到，在与人发生冲突时，如何快速觉察和清晰地用语言表达自己的情绪，也没体会过自己不开心时被人安慰的滋味，自然地就只会模仿父母，有样学样，在学校和同学、老师相处时要么用暴力攻击别人，要么用尖酸刻薄的语言讽刺别人。

后来我们的咨询采取了“曲线救国”的方式，没有直接和父母讨论如何让孩子重返学校，而是先和父母讨论他们如何从自身做起，学会好好地去倾听、理解、回应和安慰孩子。经过将近一年的咨询后，父母的情绪渐渐稳定，他们对待孩子的方式也渐渐变得不急不躁。最后，家庭氛围得到整体改善，孩子感觉自己的大后方稳定了，在学校也慢慢地能和同学心平气和地沟通了，对学校生活重新产生了期待，渐渐恢复了学业。

当然，在面对此类问题时，父母在必要时也可以发挥一些作用。比如，在自己力所能及的范围内和学校老师进行必要的交涉，了解自己的孩子最近在学校的人际交往情况，看看是不是确实存在某些学校霸凌现象，或者是否个别老师对孩子有偏见等，看能否从学校老师的层面为孩子提供一些情感上或是实际学习上的支持。当然这部分涉及在学校层面更多的沟通，在此就不细谈了。

3）为了避开来自学校体系的负面评价，获得其他方面的认可。有一部分学生厌学，是因为他们在学校现有的成就评价体系下得不到自己期望的认可，而在学校之外的一些领域，比如，体育运动项目、电子竞技、漫画等，却能得到无数点赞。那么，结果就可想而知了，一面是自己费尽九牛二虎之力却始终被认作失败者的学校，一面是自己获得无数荣耀被所有人看作成功者的领域，学生自然会选择后者。这种现象之所以会出现，也和社会对学生的价值评价体系有关。一般来说，在那些不那么注重成绩分数的社会里，这种现象出现的概率比较低。

例如，我曾经见过的一个高一的厌学男孩，他自认为自己不适合学习，书本上那些数字、图形、文言文、化学元素符号，他看着就想睡觉，但他在做手办上却非常有天赋。他自己向亲戚借钱，在网上购置塑胶、小螺丝、铁丝、颜料等原材料，自己参照当红的动漫和电影等制作各种手办。他制作的手办最高一件可以在网上卖到近万元，并且在手办制作界还小有名气，是该领域的一颗“小星星”，他一个月通过卖手办的纯收入比许多工作了几年的上班族的收入还要高。但在学校，他却是老师和同学眼中不折不扣的问题学生，上课睡觉，不完成作业，和老师顶嘴。在学校和在手办界的体验相差如此悬殊，难怪他不想上学。后来经过咨询，男孩的家人也了解了孩子的心思，最后他勉强考了个“二本”，在大学继续自己的手办制作事业，听说做得还不错。

4）家庭人际关系的冲突。也有国外的学者发现，一般不愿上学的孩子背后都有一个比较复杂或是充满人际冲突的家庭。这些家庭有一些共同的特征，要么是气氛沉闷，比如，一家人在一起总是阴沉着脸，缺乏幽默感和乐趣；要么父母之间，或者父母和祖父母之间，父母和孩子之间有常年积累的矛盾，而这些矛盾又转变为家人之间的冷战或者争吵，以致家中鸡犬不宁，而身处其中的孩子自然也无心上学，整个家庭遇到一点小事就会极度紧张，焦虑不安。比如，每次父母去开家长会听到老师投诉孩子不听话，就会不由自主地把老师说的情况放大，认为孩子的情况很严重，甚至无可救药，回家后对着孩子数落三天三夜。结果孩子就不上学了，因为对他来说，上学和父母没完没了的焦虑是连在一起的，他承受不了。

当然，一百个家庭有一百本难念的经，也有一百种冲突的方式，至于这些冲突到底是如何影响到孩子上学的状态，影响有多深，我们没有办法一一详述。看了上面这四点原因，大家可能会觉得虽然说得有理，但总感觉好像缺点什么。虽然这些论点是西方学者建立在实实在在的现实案例基础上的，但那毕竟是和我们的文化及社会现状不尽相似的西方国家，家长、老师和孩子面临的社会挑战，对学习的心态和中国都存在差别。

比如，在西方的观点里似乎根本没有提到社会同辈竞争压力这一条。西方主张快乐学习，倡导孩子最开始学习时主要的目的是培养对学习的乐趣，并且在学习中注重发展孩子的多方面兴趣爱好以及人际交往能力，所以他们的幼儿和小学教育并不太注重成绩，反倒是更重视如何让孩子既能体验到快乐，又能学到东西。但中国显然不一样，为了让孩子有一个好前途，由父母代言的娃娃间的竞争，从孩子打娘胎落地那一刻就开始了。各种早教项目、读书识字App的出现都是对这一现象最好的诠释。在我身边认识或是咨询过的家庭里，孩子四五岁时一口气报六七个培训班，拼命给孩子“打鸡血”的父母大有人在。不少此类培训班打着“培养孩子思维能力”“鼓励孩子愉快地学习”的招牌，实则教学方式和正式上学没啥区别，周末寒暑假全年无休，放学后还有作业，其目的明显就是奔着让孩子上小学时能赢在起跑线上，能获得更好看的分数。

所以，如果我们硬要把西方看待和处理厌学的理念照搬过来，扣在中国孩子和家庭身上，显然不合适。如果你让一位西方的治疗师来处理中国厌学孩子的问题，他或许根本就不能理解中国的父母为什么会这么做。而且面对厌学这一新出现的时代现象，不管是在国内或国外，现在都没有专门针对厌学的现成的心理治疗方式可供我们借鉴。所以，在面对厌学时，我们绝不能像购买进口化妆品和包包那样一味迷恋国外的理论，而更需要有扎根于中国本土文化的“硬货”。接下来，我们就来看看从本土经验里，我们得到的关于厌学的干货是什么。

在开始下一章的内容之前，我们还需要澄清一些关键概念。“厌学”一词，其实是中国大众比较通用而且习惯接受的词语。一般提到厌学，中国大众本能想到的可能是正值学龄期的学生因为各种原因拒绝上学，或者无法坚持在学校完成学业的现象。但在国际心理学和社会学研究领域，学者们更习惯用“拒学”（School refusal）一词来指代学龄期（5~17岁）的孩子因为各种原因拒绝或者无法在学校完成学业的行为。它的范围涵盖了平时我们会看到的其他一些描述此类现象的近义词，包括：学校焦虑（School anxiety）、学校恐惧（School phobia）、学业缺席（School absenteeism）等。在本书中，为了适应中国本土读者的用语习惯，我们采用“厌学”一词来指代西方学者口中的“拒学”，意指在学龄期或者正规成人教育期（包括大学和研究生阶段）因为各种原因无法或拒绝去学校完成学业的现象。

第二部分　为什么我家的孩子不愿上学

引发和维持厌学现象的最主要因素有五个，我们将其称为挡在厌学学生和学校之间的五只“拦路虎”，它们分别是：社会的过高期待和压力、充满麻烦与缺乏支持的家庭环境、个人目标和价值感的缺乏、返校屏障以及多样的精神医学议题。这五只“拦路虎”其实常常会彼此为伍，沆瀣一气，互相强化。而反过来我们常常看到的是，如果其中一只“拦路虎”被我们制服，其他的“拦路虎”自然更加容易被驯服。

第二章　挡在孩子和学校之间的五大“拦路虎”

在这一部分，我们会详细分析在中国社会文化下引发和维持孩子厌学行为的主要因素。这些因素是基于对既往3年间我们经手过的超过300例厌学案例（当事学生年龄范围为7~26岁），用科学的质性研究（Qualitative research）方法分析与总结其心理治疗过程和恢复改变历程得到的。如果你不是做心理学和社会学领域科研的同行，完全不用纠结于我们的研究方法和整个枯燥的研究过程究竟是怎么回事，你只需要了解：接下来的章节要讲述的内容，完全是基于中国寻常百姓日常生活中的实际案例提炼而得的成果，不是西方某些“大牛”的理论改装后的“代购商品”。当然，我们在讲述和解释这些结果时，会在相关的地方引用一些西方经典的心理学（Psychology）、心身医学（Psychosomatic）和系统理论（Systemic theory）的观点。如果你是专业的学者，对我们的研究感兴趣，你可以在专业的学术期刊数据库，比如SCI（科学引文索引）、SSCI（社会科学引文索引）中检索到我们的相关文章。

厌学同时涉及社会文化、家庭人际关系、亲子关系、孩子个人素质以及医学等多个层面。你在阅读时可能会发现，虽然我们在阐述时努力地想把这些因素各自的影响区分开，以便你能更好地理解，但这些因素本身在现实中就是彼此影响、密不可分的。比如，一个从小在家庭中不管做什么都不被父母认可的女孩，她长大后拼命努力想要事业有成，以便能够在父母面前证明自己。结果由于各种原因她发展得并不顺利，而后又阴差阳错地嫁了一个自己不满意的老公，生了一个可人的女儿。这个对自己的前半生和婚姻万念俱灰的女人，就把自己下半生“翻盘”的希望全部寄托在了女儿身上，从女孩懂事开始就一直给她各种“谆谆教诲”，几乎天天在她耳边诉说自己人生的“不幸”，她要求女儿争分夺秒地学习，希望女儿能够代替她实现自己未能实现的出国留学梦和富豪梦。而这个从出生就肩负着妈妈委托的人生目标的女孩，正好赶上了这个注重分数和升学率的“鸡血”年代。女孩从小的每一步都由妈妈精心安排，虽然成绩优秀，但自己也不知道学习的真正意义何在，加上又未曾享受过童年的快乐，心中的委屈日益积累。女孩上高中后，身处社会同龄人的惨烈竞争、妈妈殷切的期待、父母之间的冲突和不得安宁的家庭环境等多重压力之下，终于不堪重负，被诊断为抑郁症，无法继续上学。

从这个女孩的故事中你会发现，社会的残酷竞争、妈妈原生家庭代际传承、父母不幸福的婚姻、家庭教育理念和医学问题（抑郁症）的影响其实是同时存在、相互影响、互为因果的，我们很难将某个因素单独挑出来看待或处理。因此，面对厌学的心理干预其实是一个系统工程，我们需要先有足够的耐心去了解到底哪些原因引发了孩子对学习的恐惧、厌恶或不屑，然后从我们最容易着手的部分开始下手，改变才更有可能出现，而不是在搞清楚问题所在之前，就想要一个“一针灵”的解决方法。

我们发现，引发和维持厌学现象的最主要因素有五个，我们将其称为挡在厌学学生和学校之间的五只“拦路虎”，它们分别是：社会的过高期待和压力、充满麻烦与缺乏支持的家庭环境、个人目标与价值感缺乏、返校屏障以及多样的精神医学议题。当然，如前所述，这五只“拦路虎”其实常常会彼此为伍，沆瀣一气，互相强化。而反过来我们常常看到的是，如果其中一只“拦路虎”被我们制服，其他的“拦路虎”自然更加容易被驯服。

接下来我会对这五个因素一一进行讲解。并且，为了让大家更容易理解每一章的内容，我会在每一章末尾分享一个厌学的案例故事（为了保护案例当事人的隐私，我将有可能暴露其身份的信息都做了必要处理和隐藏，并且也得到了当事人及其家庭的授权，可以在此分享他们的故事）。

第三章　社会的过高期待和压力

浮躁的社会氛围是厌学的温床

第一个诱发厌学现象的因素，是当下急功近利的社会环境。不知从什么时候开始，我们的社会开始变得异常浮躁，整个社会对于个人的职业成就和孩子的学业成绩采取急功近利的评估标准，只以成败论英雄。单位和公司老板看的只是业绩，公司招人主要看文凭和既往的工作成绩。医院评职称只看你发表了多少篇SCI论文，有多少在研课题，却不太重视你看病救人的水平如何。身边的亲戚朋友评价你的成就时，不看你的工作内容，而只看你每月赚多少钱。所以近些年，网红直播、资本投机等在前些年被看作不务实的职业，越来越受到年轻人和大学毕业生的追捧。如果去看看近些年高考填报志愿的场景，许多家长都建议孩子选金融，因为这类职业光鲜，来钱快，当然风险也大。而当许多学生被问及日后想从事的职业时，多数会回答“想做网红直播”“想参加选秀节目当明星”等。

而在教育系统里，评价一所学校一般只看其重点高中或大学的升学率，老师们为了晋升职称和保证优秀学生产出率，也好似打了鸡血一样只关注学生成绩。我曾听一个来自上海某“知名高中”却不想上学的女生说，他们学校的老师新学期刚开始一个月，甚至在假期里，就要求学生把教学大纲上规定的在下个学期要上的课程内容全部修完。而正式上课时讲的几乎全是教材以外更深奥的课程，厉害的甚至开始上大学本科的英语课程，不少学生已开始做大学英语六级的考卷。听闻这些，瞬间让我这个医学科班毕业的博士有一种智商被碾压的感觉，想当初我读大学时，大一过四级，大二才过的六级。

而家长们看到别人家的孩子考上了重点小学、初中、高中和大学，找到了一份光鲜且赚钱多的工作，心态自然很难平衡，加上房价和生活成本高得也越来越离谱，贫富差距愈发悬殊，许多处于社会底层的家庭愈发焦虑。对平民百姓家的孩子来说，除了通过拼命考上一所好大学改变自己乃至整个家族的命运以外，他们在那些“富二代”“官二代”面前似乎也没有其他的“逆袭”之路了。

所以，许多家长无法保持淡定，在学习上拼命对孩子施压也是必然的结果。许多家长天天把“别人家的孩子”挂在嘴边，事事都要把自家的孩子和别人家的做个对比，觉得自己的孩子凡事都不如别人，周末和寒暑假不停地给孩子报各种培训班，试卷一份接一份地做。特别是在北、上、广、深等一线大城市，你在周中的晚上和周末，能看到各类培训机构门口浩浩荡荡的家长陪读大军，许多家长和孩子周末比平时还忙。

同学之间的恶性竞争，也和厌学脱不了干系

带着这些经由社会、学校和家长传递而来的焦虑的孩子，在面对学习时自然会感到压力山大，在学习过程中难免浮躁，考试成绩不好就难免产生挫败感。这使得学校中成绩相近的同学之间，极有可能出现一种“同行如仇敌”的恶性竞争氛围，因为那些成绩差不多的同学在未来都可能是彼此潜在的竞争对手。我记得一位在国外某知名艺术院校读书的抑郁症女孩提过：“我们同学大部分都是中国人，之间就像竞争死敌一样，大家都小心翼翼地提防别人，不希望别人比自己优秀，不希望别人的作品比自己好。特别是在期末做作品展示时，大家在看彼此的作品时都是带着一种挑剔、攻击和不屑的眼神。最夸张的还会翻白眼，发出啧啧的声音，让人待在那里极度不舒服。我知道大家不是真的讨厌对方，只是大家都知道，绝大部分人毕业后可能是要回国的，现在国内就业压力又那么大，所以以后大家就是抢彼此饭碗的人，

当然就不会对你客气，有打击你的机会绝不会放过。”

当然，我并不是说在所有学校所有学生之间的关系都是充满竞争，唯成败论英雄的。实际上在我们的临床工作中，会发现不少厌学的孩子，最后通过在学校找到了充满支持性和关怀的同学关系而重新回到了学校。比如我曾见过的一个高三女生，之前成绩优秀，用她自己的话讲“闭着眼都可以考进年级前十”，但她就一直觉得人生是被父亲安排的。为反抗父亲，小姑娘决定不去上学，任由父母软硬兼施，父亲再如何道歉都没用。后来小姑娘在学校同学微信群里认识了一个其他学校同年级的男生，这个男生也很优秀，和女孩也存在一定的竞争关系。但这个男生有自己对人生的目标和想法，两人常在微信里聊天，男生常常跟小姑娘分享自己的生活和梦想，鼓励她也去找到自己的人生目标。渐渐地，小姑娘觉得读书其实不全是为了父亲，也是为了让自己有机会和资本在未来做出选择。之后，这个小姑娘重新回到了学校，继续完成了学业。所以，“成也萧何，败也萧何”，恶性的同辈和同学竞争一方面会成为压垮孩子的另一根稻草，而正面和适度的竞争却能起到促进孩子个人发展的作用。

所谓正面的竞争，指的是学生在可以关注到自身的资源[①]和

① 资源（Resourse），指个体生活中任何有助于其个人发展、人际关系改善和问题解决的因素。包括个体的优势、优点、个人能力，有助于其应对问题的支持性人际关系、问题解决技巧和方法、思维方式、世界观等。

长处的前提下，能够就事论事地看到别的同学的付出和成绩，不带有任何对他人的人身攻击。不因一次成绩不佳便以偏概全否认自身所有价值，也不因取得一次好成绩就妄自尊大。而想要在学校中营造这样的氛围，老师和家长向学生传递的信息和态度很重要。比较鼓励的方式是老师或家长能够注意到不同学生或是自己的孩子身上的优点和长处，适当给予真心实意的肯定和语言上的褒奖，而后和孩子一起去看到其他同学身上的优势，总结经验。**这样在不忽视孩子自身优势的同时，帮助他们每个人发挥自己的优势，才是营造正面竞争环境的方式。**

为什么我们要先肯定每个孩子自身的优点后，才邀请他们去看别人的优点呢？因为这就是人本能的思维喜好和模式，若要让一个人有动力去改变和认可他人，先要让他认可自己，觉得自己还不错。这样一来，嫉妒和自责才不容易滋生，他的眼睛才更容易看到旁人的优点。我常常看到在某些公司、学校和家庭里，老板、老师和家长会这样跟下属、学生和孩子说话："你看某某，业绩（成绩）比你好到哪里去了，你呢，啥成绩都没有。"这样的方式会在两种人际关系中同时制造冲突或嫉妒：老板和下属之间（同理，师生之间、亲子之间），以及同事/同学之间。这种用贬低学生的方式试图刺激他们努力学习的做法，放在几十年前或许管用，但放在现代早就失效了。

相反地，我也看到许多在激励孩子方面做得很到位的老师或家长。比如，我曾经给一位原来只关注孩子缺点的家长做过咨询，经过谈话后这位家长开始意识到自己儿子的优点——敏锐的空间思维能力。后来他改变策略，对儿子说："你的空间感和逻辑思维能力很强，所以数学等这些理科特别好。你有没有发现，其实写作文也是很讲逻辑的。你有没有想过，如果把你学习理科的逻辑思维能力移植到作文里，去分析一下那些作家们写作的思维逻辑，会怎么样呢？"

这位父亲的话，好似点燃了儿子胸中的一团火，男孩用这种思维方式去学习文科，成绩有了显著提升。后来在一次治疗中，我跟男孩聊道："你知道吗？其实你说的用来分析语文课本上那些作家写作思路的方法，很像社会和心理学研究里常用的一种'主题分析'（Thematic analysis）的质性科研方法。我觉得你身上真的有不少科研的天赋，你有没有兴趣以后也干我们这一行呢？"当时说这话时，我能看到男孩眼中闪着光。后来他回学校一段时间后又来见我，说："很奇怪，现在我再看着以前那个总说我不好的班主任，好像也没那么恨她了。看到那几个成绩比我好总是让我不爽的同学，我也不觉得心里那么闷了，好像对他们的行为我也没那么讨厌了。"男孩不知道，他之所以不嫉妒这几位同学，是因为他对自己的价值更加认可了。而这种改变，一方面来源于他自己，一方面也来自他的父母开始发自内心地认可儿子了。这样的认可，是把学生之间恶性的相互贬损的竞争环境转化为一种相互鼓励的正面竞争环境的基础，这一点在企业管理中同样适用。

但说来有些奇怪，中国文化好像从来很少教授人们如何去关注自己的优点，也很少鼓励家长去看到自己孩子的优势。我们从小接受的价值教育，大部分传递的都是“取长补短”“一日三省”这样的“缺陷取向”的观念，而极少教孩子认可自身的优势，似乎人们对“骄傲”有一种莫名的恐惧，好像认可自己就预示着接下来会失败一样。但这种对自身缺陷“着迷”的教育观念，早已经被无数积极心理学的研究证明对于个体的心身健康发展是有害而无益的。更好和更平衡的做法是：在看到和肯定孩子自身资源的基础上，帮助他们看到他人的优点，然后帮助孩子把自身优势与从他人身上学到的优势有机整合。而不是要孩子忽视和放弃自身优势，完全沉浸在“别人能做到，而我做不到”的自责和无奈中，去费尽心思以自己的劣势和别人的优势比较。大家耳熟能详的“田忌赛马”的故事，讲的不就是这个道理吗？

唯成绩论英雄的观念是厌学的帮凶

来自社会层面的，经由学校和家长传递给孩子的浮躁、焦虑和不安，最后往往导致一个结果：几乎所有的学校和老师的关注点都在培养能拿高分、考上重点学校的学生。校长和老师最看重的是学生排名和学校升学率，父母也盯着孩子的成绩不放，补习班拼命报，熬夜做作业到十一二点对中小学生来说是家常便饭，却很少有人关注身处其中的孩子有多苦。

单从所教授知识的内容丰富度和深度来看，中国基础教育水平其实大大超过了大部分国家。并且，我们所教授知识的深度也领先于同龄孩子的智力发展水平，所以许多题目孩子难免不会做，那么父母在辅导时也就难免发脾气。许多父母在辅导作业之前是轻声细语的林黛玉，辅导完作业就变成了暴怒不堪的霸王龙。

但是，我们不得不承认一个事实：并不是所有的孩子都长了一个适合学习的大脑，也不是所有孩子的智力和潜质都能让其成为学霸。但社会、学校和父母们并不这么认为，大家都在不约而同地做着同一件有点违反人类社会自然发展规律的事：把大部分处于智力正态分布曲线中间的孩子，都变成处于正态曲线顶端那百分之五的尖子生。而要达成这一目标显然是不可能的，因为从自然科学诞生的那一天开始，无数的研究和实践都在不断地告诉我们这样一个真相：人，就是有优秀的，也有平庸的。有光芒万丈的成功者，就一定有位于他们之下的平凡人。而大部分的人，是属于社会中间的那一群普通人。

可惜的是，我们当下社会的主流观点似乎并不愿意接纳这一点。来我这里就诊的无数高分厌学的孩子成绩优异，却天天奔波于各类补习班之间，感觉学习就像一份从小被父母和社会安排的任务，他们不觉得读书是为了自己，也不认为读书有什么实际价值，反正“只要按照父母定好的轨道读就行了”。

在“鸡血文化”的背面，我们的社会似乎又同时存在着一股难以言说的悲观主义色彩。许多人拼命努力工作，心中却一直在回响着类似的声音：你再怎么努力也没用，因为你这个“农民工二代”“贫二代”，永远没有那些“富二代”和“官二代”的起点高。正如2017年高考结束，全国各地的高考状元陆续浮出水面后，最刷版面的却是北京文科状元熊轩昂这个耿直Boy说的一番话，大概意思是：“现在的状元都是我这种家里条件好学习又厉害的，身处教育资源得天独厚的大城市，有许多捷径可走的学生。”这句瞬间戳痛无数国人的大实话，折射出这样一个社会现实：家庭出身阶层和巨大的贫富差距，使得无数家庭在给自己的孩子打鸡血，催促其努力的同时，心中却隐藏着说不出的深深绝望。就像一个双相障碍的患者，经历躁狂期的自嗨和盲目的兴奋后，接下来就是抑郁、悲观和绝望。就如同在我这里就诊的许多家长，一边鼓励孩子要认真学习，说未来是光明的，一边在孩子面前抱怨社会、领导和老板的不公，感叹自己命运不济。

我们可以试想，身处这种社会大环境中的孩子，一方面体会到的是社会、老师和家长的焦虑和期待，以及残酷的同辈竞争；另一方面看到和体验到的是来自社会的悲观情绪，他们还能有多少心情和精力专注于学习上呢？处于这种环境下的孩子，在日常学习中如果没有受到挫折，就按部就班地沿着社会和家长规划的那条轨道走下去，也许还能在一段时间内维持表面的顺利和平静。但凡遇到一些比较大的挫折，比如某次较为重要的考试成绩不理想，和老师或者同学发生严重的冲突，就可能会顷刻崩溃，再也无法继续上学。

因为，孩子情绪的承载能力就像一艘小船，从懂事和上学开始一直接收到来自老师和家长的焦虑，以及同学竞争带来的压力感，就像一颗颗装进这艘小船里的石头。如果最开始水面没什么风浪，那么这艘装满情绪石头的小船虽然摇摇晃晃，可能还不至于翻船。但如果突然来了一个风浪，原本就岌岌可危的船身可能就会顷刻崩塌。这就是为何每年厌学现象最容易出现的时间一个是在每学期刚开始的时候，另一个就是在期末考试期间，因为这两个时期一般是学生学习压力最大，面临来自学校和家长的焦虑情绪最强的时期。这两个时间段也是厌学孩子集中来我的门诊就诊的时间段。而在寒暑假，虽然有假期作业和补课，但学业压力比起学期中还是要少许多的，许多家长和老师也不似平日那般焦虑，所以因为厌学来就诊的孩子相对就少了许多。

成为“背锅侠”的电子游戏

一般个体在遭遇压力和挫败感时，总归需要一种途径去发泄自己的情绪。在信息咨讯和科技如此发达的今天，如果孩子憋在心中的郁闷无法一吐为快，无处排解，电子游戏往往就会出来“救场”。许多孩子开始爱上玩游戏，每天花费大量时间在游戏的世界里，有的甚至会被贴上WHO（World Health Organization，世界卫生组织）颁布的“游戏障碍”的标签。

这时，许多老师和家长会认为是游戏害了孩子，是游戏搞得孩子对学习毫无兴趣。但实际上，游戏只是在孩子厌学中起到了推波助澜的作用，而非决定性作用。实际情况往往是，那些平日里为了学习而学习，不知道学习的意义何在，面临大量来自老师及父母的期待和焦虑，缺乏兴趣爱好的学生更容易中招，成为所谓的“游戏成瘾”患者。因为对他们来说，游戏世界是一个可以让他们暂时忘掉现实世界烦恼的避难所。为什么游戏对孩子甚至许多大人来说有这样的吸引力呢？原因大致有以下几点：

1. 游戏满足了玩家基本的犒劳—惩罚的心理生理需要

人活在世上，如何才会觉得有乐趣或者有意思呢？从医学上讲，人脑有一种天然的犒赏机制，在我们接收到有价值的回报时，大脑会分泌一种叫“多巴胺”的神经递质，这种神经递质会让我们产生愉快的感觉。通俗点讲，也就是你做了一件事，得到相应的金钱、肉体、精神等方面的刺激和回报，你脑中多巴胺分泌会增多，你会觉得“爽”。反过来，如果这件事做不好，失去一些你在意的东西，多巴胺分泌会减少，你会“不爽”。如果一个事物能同时提供这两种相互促进的作用力，那它想让人不着迷恐怕都难。

而游戏的开发者们，往往会把这种奖惩机制发挥到极致。你赢了，让你体验炫目无比的升级，帮你换肤换装备。输了，不会马上让你降级，但会提醒你：“级数保护开启，继续努力还能拿回来。”这会让你觉得，再努把力，不但能迎来那份渴求的犒赏，还能避免那讨厌的失去。试问，这样的诱惑换作是你，你渴不渴求？我曾见过一个家庭，父母老来得子，对儿子百般呵护。孩子从小做得好没有人犒赏他，做得不好也没有人惩罚他。有一天，孩子接触了一款炫目的手游，从此沉迷不愿上学：“每次见到英雄升级时金光一闪，还有暴击对手时跳出来的数字，听着那炸裂的声音，我全身每个细胞都很兴奋。”显然，对一些孩子来说，与枯燥而让人抓狂的学习相比，游戏在他脑中所激发的多巴胺数量根本不是一个数量级，难怪他不吃不喝想尽办法也要玩游戏。说来有些滑稽，这种奖惩机制在多年前的心理学实验室里，巴甫洛夫通过动物实验就证实过了。可现在许多家长在看到孩子着迷于游戏时，却始终难以或者说是不愿意去理解。

2．游戏安慰了玩家对现实世界的失望，帮助他们获得在现实世界里得不到的价值认可

如果你玩过游戏，你大概会知道，不同的游戏会给你带来不同的满足感。比如单机版游戏的特点是，你通关后，游戏带来的大脑皮层欣快感会随着你一遍遍反复通关而下降。而网络游戏则不然，那是一个和现实世界完全两样的虚拟世界。在这里，你可以选择不同的职业，通过自己的努力，利用身边的资源和人脉，去获得你想要的东西，你可以享受不断变强的快感，并且那种快感是完全可视化的，可以被最直接地感知到（比如打爆大BOSS后掉落一地的终极装备，并且有的装备还能在现实世界兑换真实货币）。并且你会发现，自己永远都会有更高的目标可以去追逐。

这一过程会培养和强化玩家的几种心态：1）按照既定规则来，你必定会得到奖励；2）得到奖励，你就会越变越强；3）你越强，就会在那个世界被越来越多的人认可。而这往往是大部分人在现实世界里一直在追求，但却又无法轻易得到的东西：确定感和不断提升的自我认同感。就像一位游戏制作人说的：真正厉害的游戏，是在自我认同和自我实现的层面去吸引玩家，而不是仅在利益层面勾引他们。

当家长和老师还在用“未来的成功”“人生美好的前程”这些看似缥缈的词汇吸引孩子时，孩子们也许早已在虚拟的世界里得到了无限的自我价值的认可，并且这种自我认可的感觉在游戏中往往是即时发生的，且伴随着炫目的视听刺激。这根本不是一个水平的竞争。许多玩家由此沉迷于虚拟世界，对他们来说，不可预测的现实世界太残酷、太复杂，给了他们太多的失望和绝望。记得一个厌学的孩子在我的咨询室里对父母说：“你们要我放弃游戏，但你们根本不了解它，你们从没给过它带给我的东西，这是你们和上学无法给我的。”在现实世界里，这个孩子是班上的问题学生，老师觉得他的成绩拖了全班的后腿，暗示同学们排挤他，父母也不理解和支持，但在游戏世界里他却是一呼百应，粉丝不少。所以他自然选择了继续待在游戏世界里，结果老师和家长还认为是游戏的错，让游戏背了黑锅。

3. 游戏营造了一种奇妙的在现实世界中难以实现的团队协作和公平竞争环境

除了提供视觉和听觉上的犒赏和自我价值的认可外，游戏还有一种致命的吸引力，那就是：它营造了一种奇妙而几近完美的，在现实世界里几乎不可能达到的公平竞争环境。而这种环境又将几乎完美的团队协作体验，以及由此带来的成就感和快感推向了极致。就拿曾经最受欢迎的两款即时战略游戏——《星际争霸》和《魔兽争霸》来说。在这两款游戏里，每一个种族的每一个英雄、兵种的属性都被数个技能指标所定义，这些技能之间又是相互克制的。而每一个技能又都被其开发者暴雪公司无数次地打磨，这种对平衡近乎强迫的追求只有一个目的：用最清晰的指标建立最完美的公平竞争环境。在这样的游戏世界里，没有绝对的最强和无敌，也没有绝对的阶级差别，这样玩家反而会有一种安全感和自信：人人平等，只要我日复一日地练习，遵守规则，懂得如何利用战略、操作技巧和兵种相克，我就能成功，凡事皆有可能。这让玩家之间的团队合作成为可能，他们可以在充分理解和合理运用规则的前提下，实现最大程度的共赢，其回报也显而易见。

这一点从过往每次WCG全球星际和魔兽电竞比赛现场人山人海的场面就可见一斑，大家都向往公平，佩服和崇拜以实力取胜的人物。而这一点，在现实世界中却很难达成，因为不管你多努力，你可能会发现规则永远不清晰，永远会有人比你站在更高的起跑线上。有时候你拼命努力而到达的巅峰，只是别人的起点而已。记得我大学同年级的一个同学，成绩一般，但是《魔兽争霸》游戏玩得非常好，最辉煌时曾登顶亚洲总冠军。他在读本科期间利用业余时间去全国各地打比赛，用奖金养活自己。毕业多年后同学聚会谈到他，大家基本都是佩服和欣赏，因为他靠实力吃饭。

4. 游戏映射出玩家在现实世界无法实现的梦

游戏这种追求公平、规则清晰的特质，给了许多玩家在现实世界之外圆梦的机会，并且这种圆梦的过程充满了让人激情澎湃的犒赏感和成就感。比如大学那会儿有一款叫《实况足球》的游戏，里面包含了现实世界中存在着的球队，并且里面的球员样貌、身高、能力设定和真实世界几乎一样，但只要你会操作，用鱼腩中国队都能以10：0横扫五星巴西队。

相比之下，孩子们面临的现实世界却往往充满了竞争的压力和大人的急功近利。许多时候他们努力了半天，分数还是上不去，然后父母更加焦虑，萦绕在耳边的唠叨与日俱增。这样一对比，学生自然会选择游戏，而非学习。

5. 游戏也满足了玩家们归属的需要

在追求公平、团队合作、自我实现的过程中，游戏同样给了玩家一种独特的人际关系体验：虚拟战友/盟友关系。这是一种极其奇妙的体验，试想每天在面对乏味、低认同感的生活后，再走进游戏世界，在那里和你的游戏同伴一起在如诗如画的背景中，相互配合完成极具视觉和听觉震撼效果的战斗。你的队友会因为你每一次点击鼠标送出的支援而勇往直前，你也会因为队友的全力掩护而越战越勇。你们在同生共死中找到一种前所未有的归属感：我属于这里，我很重要。

相比而言，如果一个学生所处的现实世界充满来自社会和大人的不安和焦虑，并且满是对成绩的苛求的话，那我们完全可以想象，他在游戏世界里获得的体验要简单、畅快多了。记得当年有一款叫《反恐精英》的游戏如日中天，有一句话叫“比盟友更可靠的是战友”，表达的就是这种体验。许多玩家在线下自发组织各种活动和协会，制作各种游戏相关的视频，来表达自己对游戏的热爱。更夸张的是，另一款叫《魔兽世界》的游戏甚至有自己的官方电影《魔兽》，全球票房高达4.32亿美元。玩家们趋之若鹜，甚至组团包场看电影，一边看一边慷慨激昂地高喊：“为了部落！为了联盟！”对他们来说，游戏不仅是游戏，还代表着一种精神和归属感，而这种心情没玩过的人很难体会。而且，这一协作的过程和经历，也会成为玩游戏的学生们日常的谈资和社交语言：“如果我不玩这个游戏，我就会变成同学中的异类，就会被他们排斥和看不起。”

所以，如果我们一味抱着“问题都在游戏上面”的观念，只想着怎么去压制学生对游戏的喜爱，而不去试着了解到底是哪些在现实世界里缺失的东西使得他们沉浸于游戏世界的话，只会适得其反。在我的咨询室里，我目睹过无数个孩子厌学时开始玩游戏，然后父母以这种态度和孩子斗争，最后两败俱伤的故事。

身处这样的社会环境，我们能做点什么

读到此处，可能有的家长会说，“我们也知道孩子很苦，但社会大环境就是这样，我们身处其中也很无奈”，或是“大家都在补课，我们的孩子不补课就会被淘汰，只能跟着补课”。我其实也同意这一说法，我们确实无法凭一己之力改变整个社会，或是和整个社会的潮流对着干，但请不要忘了，我们自己的情绪和看待事物的态度却是受我们自己控制的。家长可以通过改变自己看待社会现状的心态，调整自身与之相伴的焦虑不安的情绪，帮助孩子过滤掉一些来自社会的负面信息，和孩子一起寻找他们也向往的应对问题的办法和发展方向，来间接地保护孩子免受社会系统层面的焦虑的影响。

比如，我见过一位妈妈，女儿5岁，身边邻居和朋友家的孩子都在上各种编程课、数学课、英语课等，并且常常跟她说要早点让孩子参加补习班，避免未来上小学时被淘汰。按理说，一位妈妈身处这样激烈的“拼娃”氛围中，估计很难保持淡定，但这位妈妈却非常冷静和智慧。她先耐心观察自己的女儿平时对什么感兴趣，对哪些事特别向往，然后她发现女儿对弹钢琴特别感兴趣，原因是邻居家的一个小姐姐一直在学钢琴，女儿常常看到这个小姐姐穿着漂亮的裙子弹钢琴，还经常听小姐姐讲许多音乐家的故事。后来这位妈妈尊重女儿的喜好，先给她报了钢琴班，

权当是作为女儿的兴趣爱好来培养，而不是以考级或要女儿成为钢琴家为目的。正是因为她帮女儿过滤了周围社会所传递的焦虑情绪，以及关注女儿兴趣点和优势的做法，帮助女儿在弹钢琴中找到了快乐。后来每当女儿学习劳累时，便会自己去弹一会儿钢琴，看看某些著名音乐家的传记和趣闻逸事，这反而让小姑娘对学习更加专注。这便是父母在社会高焦虑和孩子之间起到很好“缓冲”作用的典型例子。

当然，关于家长具体如何管理自己的焦虑情绪，如何帮助孩子过滤来自外界的负面情绪和信息，然后和他们一起寻找有意义的发展方向，这些都会在本书第三部分详细讲解。下面我会介绍一个典型的厌学案例，让我们一起看看这个男生的经历和心理治疗过程是否能够给你一些启发。

案例：为名号和家庭所累的尖子生

第一次见到小优时，他满脸都写着疲惫和迷茫，尴尬又有些不知所措地和父母一起坐在我的咨询室里。当时的小优还是高一的学生，按照父母的话讲，从幼儿园上补习班开始，小优的学习就从来没有让大人操过心。他自小成绩就非常优秀，在学校里常年雄踞年级前三名，而且体育成绩很好，在学校人缘也不错，是典型的“别人家的孩子”，是同学们眼中难以望其项背的学霸。

然而，就是这么一个让父母的同事和朋友都羡慕不已的优等生，在高一上学期过半时无论如何都不愿意去上学了。父母乱成了一团，他们坐在咨询室里，言辞和神态中透露着绝望和迷惑，还有对我们咨询的迫切期望。我很想帮助这个家庭，但经验告诉我，厌学背后往往隐藏着复杂的因素。因此，我先安慰小优的父母：“我能从你们的话里感觉到你们有多焦急，但还是请你们二位少安毋躁，先让我们一起搞清楚你们的儿子到底是怎么想的。”

父母点点头，我转向小优：“能告诉我你现在是什么心情吗？”

听到我的问题，小优看上去有些吃惊，似乎从来没有心理医生这样问过他。小优反问道：“你不问我为什么不上学吗？你不想和我谈谈怎样才能让我上学吗？我之前见过两个心理医生，他们都是一上来就劝我要去上学，说上学很重要，不上的话以后很难养活自己。这些道理其实不用他们说我都懂，但我现在就是没心情上学。我也很紧张，知道长期下去不是办法，但我心里就是憋得难受。我一下也说不清为什么那么郁闷，就好像有什么东西堵在心里一样。他们越跟我说上学的事情，我就越烦躁。”

小优展现出的是厌学孩子常有的心理状态。理智上觉得该去上学，情感上又充满了恐惧和不安。而他父母的反应，和绝大多数家长面对厌学时的本能反应一样，就是想怎样才能让儿子重新回去上学，却忽略了儿子心中的纠结和痛苦。这种反应显然是无益的，而之前的两位心理医生似乎也在咨询中重复着这种无用的解决办法，却对他的痛苦和不上学背后的原因不那么感兴趣。

想要帮助小优，首先需要做的是靠近他，了解他的痛苦，体会他究竟卡在哪里。我对他说："我更在意的是你此刻的心情。虽然你什么都没说，但我从你的表情和语气里已经感觉到你很难受了。"我的话刚说出口，小优的眼眶就湿了，他跟我讲述了自己从小的"学习长征史"。

小优的爸爸是一位优秀的工程师，不管是在工作中还是平时与人交往时都是思路清晰，雷厉风行，甚至和别人闲聊时都没有半句废话。而小优的妈妈则是一位非常优秀的金融工作者。夫妻二人都来自小县城，到上海这座魔都打拼，白手起家，通过自己的努力成为精英人士。小优自小就在父母的光环下成长，对父母拼搏不息的生活方式和态度耳濡目染。而父母一直以来对小优的期待也很高，希望他能比绝大多数同龄人优秀。正是抱着这样的期待，父母从小优记事开始，就时时刻刻在他耳边叮嘱：你现在看到家里这么好的条件，都是爸爸妈妈辛苦打拼得来的，是爸爸妈妈的，不是你的。你以后一定要像我们一样奋发向上，上好的学校，拿到最好的成绩，才能过上好日子，才对得起父母为你创造的这么好的条件，你不能比别的孩子差！

小优从幼儿园开始就是一个忙碌的孩子。他周中的晚上要参加各类数学思维早教班，周末还要按时按量完成各种课程的作业。而小优也确实争气，从小不管是兴趣班、补习班还是学校的正式课程，他一直都是成绩最优秀的那几个学生之一。他做作业从来不用父母费心，都是自觉完成，一直是全家人的骄傲。特别是小优的爸爸，一直以儿子为荣。每当逢年过节听着亲戚朋友对儿子的夸奖，看到他们投来羡慕的目光，爸爸心里总是美滋滋的，说不出有多满足。

父母原本觉得儿子的一生就会这么顺顺利利、风风光光地走下去了：在重点高中以优异的成绩顺利毕业，考上一所心仪的名牌大学，稳稳当当地毕业，如果有可能的话读个硕士乃至博士，成为一个知识渊博的学者。如果对科研没兴趣，那就找一份高收入和稳定的工作，成为一个社交和专业能力“双通道”在线，人见人爱的“高富帅”。

然而，小优的体验却完全不同：“我其实一直都觉得学习很辛苦，虽然我能很快理解老师讲的东西，书本和试卷上的题目我用比同学少的时间就能完成，但我一直感觉好累！我常常会幻想，如果能不上学休息几天，我的生活该会是什么样子。但每次只要这个念头一出来，我就会觉得这样想是不对的，对不起父母，特别是对不起我爸。我总觉得自己欠父母的，总觉得自己不该松懈。但是……”

“但心里面又同时有另一个声音，跟你说好累，说好想休息和放松，对吗？”我问道。

“就是这种很矛盾的感觉，上学也不是，不上也不行，好难受。”

“你们怎么看他的这种想法呢？”我转过身问小优父母。

小优爸爸双眼瞪得大大的，表情异常惊讶。似乎在他听来，儿子说的这些话就像是外星语言，他从未意识到原来儿子的真实感受是这样：“这是你真实的想法吗？我一直以为你很轻松、很开心。”

“其实不是的，你可能不记得了。我以前旁敲侧击地跟你表达过好多次，我觉得很辛苦，想要调整一下，想要你们安慰安慰我，但你的反应让我没办法继续说下去。”

“你刚才所说的他们的反应是怎么样的？”我追问着小优，因为这是个难得的机会，让父母可以了解，究竟多年来他们采取的哪些回应方式助长了儿子的厌学情绪。

“每次我跟他们说我不开心、压力大的时候，我爸就会给我补充所谓的正能量，就会说你别灰心，加油，看别人谁谁家的孩子最近得了什么奖，谁谁家的孩子又考上了什么高中。然后他就会很带劲地给我分析我的问题出在哪里，说什么根据他的经验，坚持就会胜利。我妈妈就会说，让我别多想，生活条件那么好，他们那么忙，我只要认真学习就好了。”

“你当时听到这些话心里是什么感觉？”

“我觉得我的痛苦他们不理解，每次我跟他们说我不开心，都需要好多时间去鼓足勇气。因为我很怕说出来会让他们失望，让他们伤心。”

“我们从来不知道你有这些想法憋在心里，其实你不用那么担心，我们都很爱你，你有什么不开心直接说出来就好啊。我们现在只要你能回去开开心心上学就好了，不会要求你考出多好的成绩了。”

“不，你们嘴巴上是这么说，但我知道你们心里面不是这么想的，我常常听到你们在和亲戚朋友打电话时，炫耀我又考了多少分。有时候我考得不是那么好时，我也能感觉到你很失望。其实我觉得学习不是为了自己，是为了你们。你们知道吗？每次不管大考小考，我都很紧张，考完一个科目后我还会不断回想哪里做错了。我很讨厌自己这样，但控制不住。我怕考不好让你们失望，让你们丢脸。”小优带着哭腔反驳道。

小优的话听上去像在控诉，其实是在表达压抑在心中多年的苦闷。而这份对学习成绩的焦虑，是他身处的社会竞争文化，通过父母的高期待和焦虑潜移默化地传递给他的，并且在他心中日积月累。他从小便在社会和父母这种期待的推动下自动地学习，却不知道为何而学习。就像马戏团里的小熊一样，从小为了表演，一直被驯兽师训练得只会按照“前进—后退—前进”这样重复而机械化的方式走路，却不知道这样做的意义何在，结果即使表演结束了，小熊也只知道按照“前进—后退—前进”的方式走路。

“我觉得自己过去十多年的人生就像是在一条父母设计好的轨道上行驶的列车一样，沿着铁轨走，但不知道要去哪里，也不知道除了学习，我以后还能做点什么。”小优说。

如果小优这班列车能按照这条轨道一直往前平稳地走下去，也许是一件好事。但是没有挫折的人生其实并不存在，在小学和初中被同学封为“大神”的小优，在进入高中后遇到了大批和自己一样优秀的同学。他不再是老师眼中的骄子，心里的落差可想而知。同时，他心中充满了因为与同学的竞争而产生的不安感。这种不安感一部分来自学校中同学相互比较成绩的竞争氛围，另一部分也与小优自小就习惯把自己和别人比较有关。对他来说，自己的价值主要在于能把别的孩子比下去，而不在于自己客观上有多优秀。而这种“只顾着把自己和别人比，完全忘了自己究竟是谁”的自动思维模式的起源，与父母一直以来传递给他的焦虑，以及反复把他和别的孩子做比较脱不了干系。

小优不是为了自己的未来在学习，而是为了从小一直戴在头上的那个“看似光鲜的，优秀的，从不让父母失望的，人人羡慕的别人家的孩子”的名号在活着。这种虚幻的、如镜花水月般的自我成就感在小优没遇到挫折时还能勉强维持，一旦出现挫折，便会瞬间坍塌。小优正是如此，高一上学期期中考试成绩的不理想，让他感觉到支撑自己的唯一资本——优秀的学习成绩——没有了。他感觉自己再也不是那个能让父母引以为傲的孩子，再也不是同学和老师眼中光鲜的"学霸"。失落、郁闷、自责、愤怒、无奈、羞愧，所有的情绪如海啸一般同时袭来，冲击着小优那原本就不牢靠的骄傲。加上父母在面对儿子的情绪时缺乏理解和支持，还有他们所表现出的比儿子更加不安的情绪，对小优来说无疑是雪上加霜，让他再也没有心思继续读书了。

第一次咨询结束回去后，父母都开始失眠了。儿子在咨询室里说的一切对他们来说无疑是对原本认知的巨大冲击，他们不得不重新思考以往看待儿子学习和回应儿子情绪的方式是否需要调整。

"刘医生，我们也在反思，你说我们现在该怎么办才可以帮到儿子？"父母在第二次咨询开始时便直接问。他们没有像之前那样急于问怎样才能让儿子回去上学，而愿意先去关注他的苦闷，这是一个了不起的进步。

"最近小优在家有跟你们聊他的想法吗？"我问。

"有，现在他时不时会叹气，或者说很烦。然后我会让他爸爸先在一边待一会儿，我来安慰他。因为我的情绪比他爸爸轻松一些，我会耐心听他讲。就像你上次咨询里做的，他如果一下说不出来，我也不勉强他，就让他什么时候想说了再跟我说。”妈妈回答道。

“这种方式他受用吗？”我继续问。

“我觉得还可以。其实我也有些意外，因为之前他们俩都是很紧张的，结果我看到他们紧张我也更自责和紧张。这段时间他们的情绪比之前稳定了，我的自责也少一些了。”小优补充道。

“那现在你们的情绪怎么排解呢？”我问父母。

“我和他爸现在聊得比以前多了，有时候如果我们有什么想法，都是尽量不当着儿子的面说，因为怕影响他。我们就在晚饭后两个人出去散步的时候谈一谈，相互安慰一下。”妈妈说。

这对父母很智慧，他们从之前我们的咨询里很快学到了回应儿子情绪的恰当方式：倾听、陪伴和理解，而不是一味讲道理。并且这对高知夫妻也很有弹性，在面临儿子的厌学时，他们及时地调整了在安慰和支持孩子时各自的角色分工，且夫妻彼此也能给予对方情感安慰。他们还会定期和学校老师沟通小优的情况，与学校协商休学和请假事宜。

之后的咨询，我单独见过这对夫妻几次。就像和小优的谈话一样，我也会去耐心倾听、调整和安抚他们各自焦虑和无助的情绪。后来，父母虽然不时还会有焦虑的情绪出现，但总体比刚来见我时稳定了许多。后来在一次全家三口都在的咨询中，我问小优：“你父母的情绪现在有了这样的变化，你觉得怎么样？”

“我觉得挺好，其实我现在需要的就是一个安静的环境让我自己去思考和整理。父母只要不远不近，安心地待在一边就可以了。而且现在看到他们俩能一起出去走走，我也挺开心的。以前他们都忙着工作，不但没时间和我谈心，他俩之间也很少说话。”小优说道。

“你会担心他俩的关系吗？”我追问。

“其实之前有一点的。我总觉得他俩不像别家的父母平时有说有笑，回家老板着个脸。我们家的氛围其实挺沉闷的，缺乏沟通。有时候我妈妈不开心，都是我去安慰她，因为我爸是直男癌晚期，根本不会安慰人。现在他俩亲热一些了，我也放心一些了。”

“如果打个比方，把你的精力分为100分，以前的你需要拿多少精力出来操心父母，多少精力用来学习和管理自己的事呢？”

“大概一半对一半吧。有时候在学校学习累的时候，再想到他们，我就觉得活着特没意思，但生活又得过下去。”

看来小优心中放不下的，还有他父母之间的关系。这也正常，几乎天底下所有的孩子都希望自己的父母能美满幸福，也最害怕父母的关系出现裂缝，因为那对孩子来说就像他们赖以生存的地球将要毁灭一样。儿子这一段话显然也是父母从未想到的，他们瞪大了眼睛：“真的吗？你真的是这么觉得的吗？其实我们俩很好，虽然不像电影中那么浪漫，但感情挺稳定的。”

“我知道你们没什么大的冲突，但我就希望你们能过得更幸福，特别是看到我妈有时候叹气，不开心，身边又没人陪她时，我就特别担心。”

“所以，你就会暂时代替爸爸陪妈妈吗？”我问小优。

“可以这么说吧，我会替我爸安慰她。”

“那现在看到他们两人走得更近了，你稍微放心一些了吗？”

“哈，可以放心一点了，”小优第一次在咨询室里笑了，“我刚才在想，要不是我不上学，说不定他们还不会走得那么近，也不会像现在这样关心我的心情。”

“所以，你是说不上学看来也有一点好处？”我问。

“对啊，起码让我们家变得更加团结了。”小优回答。

“但是代价似乎大了一些？”我挑战小优。

“是啊，其实我知道。”小优陷入沉思，现在的他身处的家庭环境已经比之前稳定了许多，也许是可以讨论学习这件事的时候了。不过在此之前我还有一件事要做，那就是发掘小优的优势和资源。因为如前所说，除了考试分数以外，小优觉得自己几乎没有值得被别人认可的优点。所以要帮助他有勇气面对学业挑战，先要帮助他找到更多的自信。

“我想先问问你们，他除了学习好，还有其他哪些优点吗？”我问父母。

“很多啊，他很有礼貌，而且想法也很有创造力。”妈妈开始讲小优的优点。爸爸也渐渐被带动了起来，到咨询谈话的后半段，他也开始分享对儿子的欣赏：“其实我爱儿子主要不是因为他成绩好，而是因为他就是我的儿子，我在他身上看到了我没有的创造力，我希望他以后活得比我丰富和有趣。”

听闻爸爸此言，小优再也控制不住自己的眼泪了。对他来说，这一句“我爱你，是因为你就是我儿子”就像一碗自己渴望多年的清泉。这句话包含的是一位父亲对儿子无条件的认可，是不以任何外在的、功利的和世俗的评价为基础的，而是发自内心真诚的接纳。天地之间没有什么会比这样的话语更能让人感到振奋的了。

那次咨询结束后我给小优一家布置了作业，让父母回去各自写出小优的50条优点，并且让小优回去考虑自己未来三年内想要做的从未尝试过的五件有意思和有意义的事。布置前面一项作业的目的我猜大家都很容易理解，而后面一项作业的目的是希望帮助小优找到在学习之外真正属于自己的理想。因为，缺乏目标的学习生涯，就像一个落水者孤独地漂在茫茫无边的大海上一样，内心迷茫、绝望，不知该去向何处。他需要一个目标，就像狂风骤雨中的海上灯塔一样，让他在经历风浪时心中还有一份念想和希望，支撑他生存下去。

究竟什么样的未来是小优想要的，需要他自己去思考和寻找。

在后面十余次的咨询中，我和小优多次聊到他的理想。小优说自己的未来有好几个可能的方向，比如做一名数学家，从事金融行业，或是成为心理咨询师。我和他讨论了他的每一个想法，也给了他一些我个人的建议。在此过程中我观察到，当小优对未来越发憧憬，目标越发清晰，对自身价值越发认可时，谈到返校时的焦虑感便越少。

后来在一次咨询中，我试探性地问他："如果，我只是说如果哪天你心情还不错，经过学校时想进去看看，你觉得你的同学和老师们看到你会是什么反应呢？"

小优显然听出了我这个问题背后的意思，他笑着说："我觉得他们可能会很吃惊吧，会问我这段时间去哪里了，现在怎么样了。"

"那到时候你会是什么感觉？又会怎么回答他们呢？"我接着提问，借此开始了我们咨询的下一个阶段：讨论如果回到学校，他将会面临的挑战以及应对方法。之所以讨论这些，是因为许多孩子在尝试回到学校时，还会面临一个挑战：如何重新适应学校生活，以及怎样面对来自老师和同学的质疑与不理解。我们将这一挑战称为"返校屏障"，它也是挡在孩子和学校之间的五大"拦路虎"之一。

我和小优讨论了老师和同学可能出现的各种反应，以及相应的处理方法，至于具体细节在此便不赘述了。在整个讨论过程中，我绝大部分时间是一名倾听者，耐心听小优的想法和烦恼的同时，帮他一起整理杂乱的信息，必要时提出我的反馈意见和建议。同时，我也建议小优在一些具体的人际交往技巧上向父母多请教。毕竟，他们才是和小优最亲近的人，而我作为一名医生，不应该让小优的父母觉得我比他们更适合教导他们的儿子。

再后来，小优回去上学了。虽然其间他也有好几次情绪反复，也断断续续地来门诊看我，但他一直都在坚持学业，并且成绩还不错。有一次我问他："你觉得现在心理咨询在你生活中的作用是什么？"

小优笑着说："我觉得虽然我不是病人，但每次想到有一些不能和父母或者同学讨论的问题，可以到这里和你聊一聊，你帮我整理一下，我就觉得心里挺踏实的。我觉得你就像一位守望者，稳定地在那里就好了。"

这便是小优的故事，一个自小肩负着来自社会和父母的焦虑与期待，日夜面对激烈的同辈竞争，在遭遇学业挫折的同时，被父母的感情潜在危机所累，无法上学的男孩的故事。在整个心理咨询的过程中，我并没有将主要精力放在"怎样才能让他回学校"的问题上，而是循序渐进地接近和探寻他厌学行为背后隐藏的"真相"，倾听家庭中每一个人的情绪和不安，给予他们安抚，而后帮助他们建立一个能够彼此理解和安慰的支持性家庭环境。同时关注小优的优势，帮助他看到更多的未来可能性以及返校后可能面临的挑战。换言之，在他的心理咨询中我所针对的对象不是他，而是他的家庭。

那么，家庭环境因素又在厌学中发挥着怎样的作用呢？这便是下一章要讨论的主题了。

第四章　充满麻烦与缺乏支持的家庭环境

在讲家庭环境之前，先让我们厘清两个概念：原生家庭（Family of origin）与核心家庭（Core family）。原生家庭指我们在其中出生和成长的家庭，核心家庭指我们成年后与我们的伴侣组成的新的家庭。

如果你接触被厌学困扰的家庭足够多的话，你会发现那些厌学的孩子背后往往都有一个充满冲突和麻烦，难以为他们提供情感和行动支持的家庭。这种家庭的亲子关系往往充满了冲突，亲子之间缺乏对彼此的信任，大人的情绪不稳定，父母对孩子的期待过高，对孩子缺乏认可。此外，这些家庭中的夫妻关系常常也是荆棘密布，争吵或者冷战频繁爆发，而且他们的冲突会连累孩子。你可能也会发现，这些家庭平时应对问题和表达情绪的方式是比较极端化的。具体有哪些常见的情况呢？

亲子关系冲突和不稳定的依恋

我们接触的大部分厌学家庭中都日积月累地存在着亲子关系的冲突。在这些家庭中，父母在面对孩子的情绪和需要时都习惯采用轻蔑、忽视、人格攻击和指责、生硬地讲道理的方式来回应。我们将这四种亲子沟通方式称为厌学现象肇事的“四大金刚”，几乎在所有厌学孩子和其父母的互动中都能看到它们的身影。

轻蔑是“四大金刚”里最具杀伤力的一个。它指的是父母或家人在面对孩子因为学业产生的负面情绪时，不但不安慰，反而采取鄙视、贬低孩子能力甚至人格攻击的方式去刺激孩子。请注意，这里所指的轻蔑，不仅指一个人通过语言所传递的贬低对方的内容，还包括他说话时不屑的语气、表情和肢体动作。比如我们中国人常用的带有贬低色彩的语气词，包括“啧啧啧”“切”“我去”等，而常用的鄙视表情包括翻白眼，一边嘴角上斜，偷偷蔑视的一笑等。一个因为学习压力或挫败感而满腹委屈的孩子，在他最期待得到父母的理解和安慰时，如果接收到的却是来自父母鄙夷的眼光和回应的话，最直接的感受会是心痛、委屈，还有愤怒。因为几乎每个孩子，终其一生都在渴望得到父母——这两个对他们来说最重要的依恋对象——的认可，所以来自父母的蔑视也是最有杀伤力的。

记得曾经有一个提前直升名校博士研究生的25岁男性来访者，泪流满面地跟我说过：“我活到现在，一直都在努力做一件事，那就是取悦我的妈妈，让她认可我。但我从来都没有成功过，从小不管我做得多好，她要么毫无反应，要么就会说我做得还远远不够。如果我做事情做砸了，她会露出她那标志性的白眼，嘴巴里发出不屑的啧啧声，说我连这么简单的事都做不好，不如死了算了。”这位来访者读博士一年级，他在研究课题开始后出现了严重焦虑，因为每当他的课题面对挑战时，耳边便会回响起妈妈那轻蔑的言语，紧接着会体验到无法抑制的紧张和自责，便再也无法继续科研工作了。最终他只能休学在家。

有的家长则是对孩子的情绪采取视而不见的忽视态度，装作什么事都没发生，或是根本就不把孩子的情绪当回事儿。这一类大人的口头禅是“这没什么”“不要去想它就好了”“别在意，专心学习就行”。家长这种看似万事皆无所谓的“伪佛系”态度，是许多孩子心中永远的痛，因为这样的回应方式会让孩子觉得自己好像根本不值得被别人关注，极易使其产生孤独感，或是对人和人之间的关系产生绝望和不信任。许多孩子的情绪和需要常年得不到父母的回应，只能压抑在心中。而情绪长期压抑，势必需要一个发泄的出口。不少孩子便会在某一次学业成绩不佳，学业压力骤然升高或是与同学发生冲突时爆发，甚至患上精神障碍，无法继续学业。

比如，一位14岁的女孩曾经说过：“自从弟弟出生后，我在我父母面前变成了透明人。不管我在学校遇到多大的困难，或是我在他们面前表现得多不开心，他们都不会有反应，顶多说一句‘想开点’这种敷衍的话。直到我不想去上学开始，他们好像才意识到家里还有我这么一个人存在。”厌学虽然让人头疼，但在无意间却让女孩得到了多年来未曾得到的父母的关注。而她的妈妈在咨询室里却仍然对女儿的哭诉视而不见，继续带着责备地辩解道：“因为我们都很相信你的自律性，我们觉得你可以照顾自己。弟弟还那么小，你是姐姐，为什么就不能让让弟弟，理解我们一下呢？”女孩听到妈妈的“狡辩”后，更加愤怒：“你根本没有变化，根本不把我当回事儿，我总有一天会死在你面前，让你后悔一辈子。”这个女孩对亲情的渴望被忽视到如此程度，逼得她要用生死去争取父母的关注，可悲可叹！

相较而言，另外一些家长则喜欢动不动就对孩子进行人格攻击和指责。当他们看到孩子在学校表现不佳时，第一反应并不是帮孩子澄清问题所在或是安慰孩子，而是动辄就将这些事情上升到对孩子人格评价、攻击和贬低的高度。他们常说类似的话：“你怎么那么笨？”“猪脑子！”并且这些家长几乎看不到孩子的努力和优点。说来我们中国的传统一直都教导父母要用指责孩子的方式去激励他们成长，却很少告诉父母应该怎么去表达对孩子的欣赏。但这样激将的方式其实是很难奏效的，试想如果你身边的人每天都把你贬得一文不值，就好像每天都有人用一块儿大石头压在你身上一样，你连腰杆儿都直不起来，每天活在自我否定中，自我价值感泯灭，你还会相信自己能成功吗？

在心理学的家庭治疗领域有这么一句经典的话：问题本身往往不是问题，人们用来处理问题的方式往往会成为问题。这句话用在被厌学困扰的家庭中特别适用，你会发现许多家长在孩子厌学情绪刚出现时采取了非常不恰当的处理方式，直接导致了孩子的厌学情绪进一步恶化。而在所有“会成为问题”的应对方式中，最常见的三种方法便是上面提到的轻蔑——完全鄙视孩子的人格和能力，忽视——装作什么事都没发生，以及人格攻击和指责——把情绪和问题无限度放大，甚至上升到对孩子的人格攻击。

而剩下的一些家长，他们不蔑视，不忽视，也不指责孩子，就是喜欢讲一些用处不大的大道理。比如我见过一位爸爸，理工科高才生，逻辑思维极其清晰，但对人的情绪不敏感且不屑一顾，在单位被同事称为“冷面人”。他常挂在嘴边的话是：“情绪是没用的，一个成功的人不该有情绪。”他的女儿在小学时，曾经因为同学冲突和学习压力而多次向他求助，但这位爸爸每次都不愿听女儿把烦恼说完就开始讲道理，而且一讲就是一两个小时，之后女儿再也不愿跟他多说一句话。“因为他的道理都是空的，不但没用，而且会让我更烦”，这是女儿的原话。再后来，女儿上初中后同学间的竞争日益激烈，心中苦恼又无处发泄，无人理解，便渐渐迷上了手游，沉浸其中以寻求自我麻痹。这位爸爸在咨询室里控诉着游戏公司的滔天罪恶，却没意识到对女儿来说世间除了游戏，再也没有能让她彻底放松身心的事物了。

上述几种家长的回应方式对孩子心理健康的负面影响，在依恋理论（Attachment theory）中可以找到相应的理论依据。依恋理论认为，一个孩子在成长过程中的悲伤、痛苦和无助是需要被自己的照料者（一般是父母）及时听到、理解和安抚的。如果这些需要被及时满足，一方面，孩子会形成对自己积极的看法，会觉得自己是有被爱的价值的，在日后面对挑战时会有更多的勇气；另一方面，也会帮助孩子形成对人际关系积极的期待，他们更能够在与人交往时自然地靠近对方，与别人建立彼此信任的关系。比起那些从小被照料者忽视、贬低和虐待的孩子，从小被照料者细心照顾、理解和安慰过的孩子，成年后会更聪明，职业成就更高，人际关系更融洽，身体健康状况更好，寿命也更长。

这些规律其实早已得到大量科学研究的证实，但可怕且可悲的是，有许多家长却依然无法意识到这一点，或者说是不愿意承认这一点。他们继续用棍棒教育的方式残忍地“磨炼”着孩子的心。殊不知，一个孩子未来能走多远，取决于他曾经在感情和心理上和父母有多近。

要让一个厌学的孩子重拾面对学业的勇气，首先要做到的是在他有烦恼时耐心地在他身边陪伴他，倾听他和理解他，让孩子感到自己的情绪能够被父母无条件接纳，而后再去讲道理或是使用必要的激将法。

家长不稳定的负面情绪

我们还发现在许多有厌学孩子的家庭里，孩子往往不是那个唯一有情绪困扰的人，有的家长自身的情绪和孩子一样不稳定，甚至有的“病”得比孩子还要严重。许多家长自己平日在遇到挑战和压力时就极易出现焦虑、烦躁、抑郁等情绪，甚至动辄便大发脾气，出现失眠、厌食等生理症状。此时，如果孩子在生活中和学业上遇到困难，带着情绪回家，家长和孩子的负面情绪就非常容易相互加强，就像往原本就翻滚不息的湖面扔一块大石头一样，结果当然是引起更大的波浪。此时，家长之间、家长和孩子之间的冲突往往会出现离谱的对称升级。双方可能会争吵，情绪逐渐失控和崩溃，争吵内容逐渐脱离原本的主题，甚至到最后双方都忘了最开始是因为什么话题吵起来的。

这种冲突的过程是非常消耗精力的，它会使得许多孩子根本无心向学。“我觉得我们家里，我更像妈妈，我父母就像两个小孩，成天因为一丁点儿小事就紧张得睡不着，要么就一天到晚吵架，然后就要我去安慰他们。我被搞得快崩溃了，在学校时如果听到同学们说自己父母，我就会不由自主地想到他们，担心他们这会儿是不是又吵架了，我自己都快受不了了。”有的孩子会通过逃学来间接报复和惩罚父母，因为他们发现只有不上学才能让父母暂时服软，不再对自己发脾气。有的孩子好不容易重新提起兴趣想去学校，结果父母又突然因为某件事而情绪崩溃，这些情绪反过来又影响到孩子，使孩子再次崩溃。

在心理学专业中，我们用“核心家庭情绪系统”（Core family emotion system）来指代这种在核心家庭里，一家人大部分时间所呈现的情绪状态。因此，要帮助厌学的孩子，就必须同时帮助孩子的家长，帮助他们安抚自身的焦虑情绪，这样他们才能成为孩子返校坚强而稳定的情感后盾，而不至于成为孩子的“猪队友”，在孩子有学业压力时非但不能安慰和缓解孩子的情绪，反而还会成为孩子焦虑情绪的“增幅器”。一个13岁的厌学女孩跟我说过很典型的一段话：“打个比方，我平时遇到学习压力时紧张程度是6分（最紧张时打10分），这个时候我觉得自己还能处理问题。但如果我妈妈在这个时候出现，她的情绪肯定会立即崩溃。我的焦虑值马上就会上升到10分，我就什么都不想学了。”因此，我常在咨询室里跟家长说的一句话是：“要帮孩子，你要先关心和帮助自己。”

“致病”的家庭期待

厌学孩子的家庭常常还有一个特点：家长（祖辈或是父母）会将自己生命中未达成的期待，以一种“致病”的方式寄托在孩子身上。根据我们的研究，以及德国海尔姆·史第尔林（Helm Stierlin）提出的派遣理论（Delegation theory），当父母对孩子的期待出现以下五种情况时，极其容易触发孩子的厌学问题。

1．期待过重，远超出孩子的能力上限

这是最常见的一种情况，家长对孩子的期待远远超过了孩子当下的能力范围。而在这些期待中，有一部分是家长自己未能完成而又心有不甘的心愿：“一只大鸟自己飞不远，就在窝里孵一只小鸟，让小鸟替它去飞。”事实上，被家庭寄予过高期待的孩子容易出现极端的表现。他们要么心中有一个执念：“我不能让家人失望，我要努力学习。”他们会默默努力，压榨自己；要么就是极度的反抗，父母越希望他做什么，他越不顺从，甚至不惜用厌学或逃学来保护自己。

记得一位曾来我这里求助的女生。她在国内一所顶尖大学就读，爸爸是中学老师，妈妈是会计。看上去这是一个“完美”的家庭，结果女孩在一次期末考试受挫后就不肯去上学了。她在治疗中说的话让父母大吃一惊：“我从小就像一只过载的骆驼，背

上都是父母的期望。爸妈虽优秀，但他们年轻时因为家里穷，都没读成大学，他们都有一个没实现的学术梦。从小我考90分，他们要我考100分。我考了100分，他们说我字写得还不够好看。我考上大学了，他们说我当上了教授才算对得起他们。他们说自己做的一切都是为了我，要我不要辜负他们。这就像一个魔咒，每次考试时，他们的话都会在我耳边嗡嗡作响。我不能失败，但我却真的失败了，我不知道接下来该怎么办了。”

有的父母虽然嘴上未明确给孩子提要求，但会通过各种间接的方式隐晦地使孩子体会到自己的期待，这种潜意识层面传递的期待同样影响深远。“我妈妈从不跟我提要求，但我却清楚地知道她对我饱含的期待。她对自己和婚姻都失望至极，我有记忆开始她就常在我面前感叹命运不公，说像我爸这样赚不到钱的男人有多可恶，说女人应当只靠自己。听得多了，我慢慢就觉得我不学习就对不起她。有时我太累想修整一下时，脑子里就会自动跳出妈妈的叹息，于是就会不由自主地让自己继续学习。”一位患了“学习耗竭综合征”（Learning burning-out syndrome）的女生如是说。

2. 不同家人对孩子的期待相互冲突

有的家庭是另一种情况：爸爸给予孩子一个期待，妈妈给孩子一个要求，结果两者彼此冲突。孩子夹在中间，不知道该听谁的，左右为难。谁的殷切期望都不能不听，但又不能都全听。一个在大学期间不想上学的男生曾说：“我爸爸要我以后做工程师，他说那些风花雪月、舞文弄墨的文科都没用。我妈则完全相反，要我当作家，她觉得真正的‘牛人’都是那些对人生意义有思考的人。我看文学名著时，我爸就骂我，说我颓废。我做物理模型，我妈就在旁边冷嘲热讽，说我和我那木头老爸一个死样。我烦死了，所以高考报志愿时我谁的都没听，索性报了考古系。他们越烦我，我就越不听他们的。”这个男生最后选择以“谁的话都不听”的方式，试图摆脱父母对他的“双重束缚”。

3．孩子没有感受到任何期待，感觉迷茫

可能有的父母会问：“那是不是不给孩子任何期待或压力就行了呢？”答案是否定的。有不少这样的家庭：父母对孩子没什么具体的期待，也对孩子日常言行提不出什么指导意见。孩子看似自由自在，但内心却充满了对未来的迷茫。一些孩子甚至会觉得自己不被家人需要，自己不属于这个家庭，像个外人，没有归属感。

孩子从小和家人的这种连接少，长期当“空气”，容易变得什么事都缺乏动力，包括学习。这时，如果学习遇到挫折或是更多阻力，他们就极易放弃。在有的多子女家庭中，如果这个孩子在同胞中排行靠中间，长期被家人忽视，也容易出现上述情况。一个“被家人当空气”的女孩曾说：“我小时候父母忙着工作。我上面有哥哥，下面有弟弟。父母常叮嘱哥哥，对弟弟也很关心。而我夹在当中就像空气人一样，从小就不被关注。父母对我没什么期待，也没什么感情。所以我从小学习就没什么动力，学得好与不好都一样，反正也没人在乎我。”这个女孩从高中开始就不愿去上学，成天与一帮社会青年混在一起。

4. 家庭的期待和孩子自身发展意愿相矛盾

有的家庭里，孩子的梦想和家人的期待大相径庭。有的孩子会坚持己见，有的孩子则会为了父母的需要选择妥协。但不管何种情况，孩子心里的那份纠结都难以言说。华人导演李安便是典型的例子，为了坚持自己的导演梦，他与父母的冲突持续多年。既想坚持自己的梦想，内在又有一颗“孝心”在心疼和顾及着父母的感受，真是“忠孝不能两全”。这种情况在中国文化里很常见，中国的“孝道”一词更多强调的是孩子对父母单向的服从，却很少教孩子如何真心地去爱父母。有的学生在学业上一直要迁就父母的期待，即使偶尔坚持己见，父母或亲友们的一句话：“你这孩子怎么这么不懂事儿啊？你就忍心气我们吗？”也会成为让孩子不得不屈服的杀手锏。

记得有一个男生，高考时他为了满足父母的期望，选择了自己不喜欢的大学和专业，结果就读后无心上课，每日在宿舍打游戏，以此间接地反抗父母。直到期末挂科不得不留级时，他才开始思考自己究竟想要什么，父母也因此不得不妥协。后来这个男生回家乡复读高中，以同样优秀的成绩考取另一所大学里自己喜欢的专业，他和父母之间的冲突才算暂时平息。

5. 孩子感受到父母的期待，但没有机会去实现它

有的家庭中，孩子从小被父母寄予厚望，但由于各种原因，却没有机会将其付诸实践，壮志未酬的烦闷只能压抑在心中。有一位抑郁的女孩找过我，女孩的父母是老来得女，加上女孩从小体弱多病，父母一直把她当婴儿般照顾。而女孩从小成绩极其优秀，父母对她寄予了厚望。女孩高中毕业时拿到美国一所名校的录取通知书和全额奖学金，全家欢欣鼓舞，但同时苦恼也来了。去吧，孩子体弱多病，父母年事已高，不可能去国外陪读；不去吧，机会难得，放弃了会悔恨一生。最终从身体因素考虑，女儿放弃了留学机会，转读了国内一所大学。女孩入学后一直闷闷不乐，心中充满不甘、自责及对父母的愧疚，最终转为抑郁，无法继续学业。

看到这里，你也许会想：那怎样的期待算是合适的呢？这个问题我们会在第三部分进行阐述。

父母未解决的婚姻冲突与三角化

被厌学困扰的家庭往往还有另一个现象：父母之间长年累月的争吵或冷战，将孩子卷入其中，使其苦不堪言。中国有句古话：儿行千里母担忧，母行千里儿不愁。仿佛世间只存在父母对孩子的担心，却不存在孩子对父母的牵挂。许多父母可能也会认为：我们俩吵架是我俩之间的事儿，和孩子的心理问题没关系。

实际情况则不然。既往无数研究已经证实，在成长过程中看到父母之间冲突、冷战甚至暴力越多的孩子，日后出现偷盗、酗酒、犯罪、厌学、抑郁和焦虑等情况的概率越高。家就像一栋房子，而夫妻之间彼此支持、相互理解的关系是这栋房子的地基，孩子就像住在里面的人。所谓神仙打架，凡人遭殃。当房子的地基成天晃荡时，住在房子里的孩子还能专心应对学业压力和人际关系吗？

读到这里，想必有人会说："那天下吵架的父母多了，也不是所有的孩子都会出问题啊！"此话确实不假，我想澄清两点：1）并非是夫妻之间的所有冲突都会对孩子造成负面影响，而是两人间那些一直无法解决的问题会让孩子为其所累；2）如果一对夫妻有长期未解决的冲突，而他们其中一方或者双方又分不清什么是自己的事，什么是该让孩子知道的事，把自己因为婚姻冲突产生的负面情绪过多传递给孩子，加上孩子放不下父母的话，就会陷入一种进退两难的尴尬境地：我想帮父母，但我只是个孩子，谁都救不了；但让我不管他们，置身事外，我又做不到，因为他们是我的父母。在专业上，我们把这种孩子跳进父母婚姻冲突的火坑，“两个人的事，变成了三个人的事”的现象称为“三角化”（Triangulation）。在厌学家庭中，你会发现孩子被卷入父母冲突最常见的方式有六种。

1. 孩子与父母一方结成“跨代结盟”

第一种表现，是父母两人吵架，谁都不愿妥协，而孩子可能会选择父母其中一方，与其联起手来对抗另外一方。此时，我们会看到孩子对父母中的某一方难以理解的愤怒或不满，俨然变成了比父母更胜一筹的“小暴君”。而对另一方，孩子又会表现出牵挂与愤怒相掺杂的情绪。牵挂，来源于对父母某一方的同情和心疼。愤怒，来源于长期帮助某一方的过程中体会到的无奈和恨铁不成钢的心情。

记得有一家来访者，男孩8岁，在学校里上蹿下跳，俨然一个“小流氓”。当他们一家人坐在治疗室里时，不管爸爸说什么，孩子的第一反应往往都是“闭嘴”“胡说”。而当妈妈发话时，孩子却安安静静，对她异常地关注。甚至在妈妈谈及这些年对婚姻的失望而声泪俱下时，男孩则会心疼地轻轻拍妈妈的背：“妈妈别难过，不哭。”他对爸爸的愤怒里，有一大半是妈妈对爸爸的愤怒。心中对妈妈的担心以及对爸爸的愤怒无处发泄，男孩只有通过在学校的攻击和违规行为来表达。有趣的是，这样的“跨代结盟”现象在中国的大城市中特别常见。

2．孩子心里默默担心父母，但什么都做不了，说不出

有的孩子则是心中早就有答案，或者已经默默地把自己放在父母某一方的阵线上，但是为了维护家庭表面的和谐，说话做事总是异常小心，耗神耗力。这样的家庭中，成员也说不出哪里有大的问题，但身处其中就是莫名地觉得压抑、不轻松。曾有一个17岁不想上学的男孩说过：“我从小就一直担心我妈妈，她常常在和我爸爸闹矛盾后偷偷地躲在屋子里哭，我当时就用耳朵贴着他们卧室的门听动静，怕会发生什么。但他们每次吵完架，又表现得什么事都没发生一样，表面上客客气气，但每天家里的气氛却又那么尴尬。我很想帮他们，但又觉得不该主动提这些矛盾，我好辛苦。”这个男孩在学校里被女生们封为“知心大哥哥”，因为从小对父母情绪的细腻体察，让他发展出一种对女性情绪异常敏感的觉察能力，但恰恰也是这种对父母挥之不去却又说不出来的牵挂，让他苦不堪言。因为除了默默担心父母以外，他什么都做不了。而他的妈妈，一面诉说着丈夫的不对，感叹着自己这段婚姻的失败，一面又不断强调：“其实我和他爸爸真的没什么大的问题。”

3.“都是我的错”，孩子为父母的不幸婚姻埋单

还有的家庭，父母本就三观不合，平时懒得搭理对方，但在涉及教育孩子的议题时却避免不了要彼此对话。此时，他们看似都是在为了孩子的事争吵，但其实在“孩子的事”背后隐藏的却是对彼此发自内心的不认可。这样的孩子看到父母终日为自己争吵，很容易产生一种信念：我是个错误的存在，因为是我让父母烦恼和不开心。“我从小就特别自卑，因为我父母每天都在为了我吵架，而且我妈妈每次和我爸爸吵完架就会借故对我发难，说我像我爸一样没用，一样冷血。这样的话听多了，我慢慢觉得自己就是个多余的存在，活着只会让父母生气。我一直学习都很努力，就是想让他们开心，但真的很辛苦。”一位来就诊的厌学女生如是说。她曾经认为一切都是自己的错，但现在她开始意识到，不管她怎么努力学习，都无法让妈妈满意，因为妈妈真正不满意的是自己的婚姻，而女孩其实是在为父母不幸福的婚姻埋单。

4.在伴侣身上达不成的愿望转移到孩子身上

许多夫妻对自己的人生发展不满，结了婚又发现对方令自己大失所望，为了弥补生活的遗憾，只能把期望和注意力转移到孩子身上。所谓自己对自己不满，只能望夫成龙，望妻成凤。如若还不成，便只能望子成龙，望女成凤。国外有一个词叫“直升机

父母”，专门用来描述那些对孩子一言一行的关注和期待过高的父母，而他们对孩子每一个细微行为的聚焦，折射出的其实是对自己、对婚姻的不满。记得一位妈妈曾在治疗室里语重心长地对女儿说：“我这辈子就这样了，嫁给你爸爸这个没出息的男人。你一定不能像我一样，你要让自己变得越来越好，要嫁个配得上你的人。还有不要轻易相信男人，要有自己的主心骨。”她的女儿很优秀，但就是遇事容易紧张，常常失眠，而后无法正常上学。女孩在咨询室里无比愤怒地说：“她（妈妈）在我身上寄托的不只是对我的期望，还有她这一生对自己和婚姻的失望和遗憾。”

5．父母通过共同指责孩子达成“共识”

有的父母两人独处时不是互怼，就是话不投机半句多，但是两人却在一件事情上能找到“共同语言”，那就是批评孩子。当发生了冲突，两人都憋着气无处发泄，又找不到合适的台阶下时，如果孩子此时出现什么过错，很可能会被父母由小放大。父母对彼此的不满情绪，会转变成对孩子的愤怒而流向孩子，孩子便成了父母婚姻冲突的“替罪羊”。

记得一个来求助的厌学女孩说过：“每次父母吵架，互不搭理对方时，我都不敢回家。因为只要我在家，他们就会一起找我碴儿，一唱一和地批评我，甚至轮流拿皮带抽我。打完我以后他们就莫名其妙地和解了，似乎就找到共同语言了。”这个姑娘极度缺乏自信，在学校总是觉得同学不喜欢自己，不敢去上学。而造成她对自身价值极度怀疑的最主要原因，便是父母一直以来的否认和虐待，而在父母对女儿那愤怒背后隐藏的，其实是他们对婚姻的不满和无奈。

6. 帮谁都不对，分裂的忠诚

另一些孩子则是夹在父母中间，谁都想帮，两边都心疼，但又觉得帮谁都是对另外一方的背叛，这被称为“忠诚分裂”。它往往会让孩子时刻处于焦虑、抓狂或是郁郁寡欢的状态中。一个16岁的女孩在谈到自己的父母时，曾充满绝望、无助和不甘地说：“我就像一根绳子，这些年来一直被父母来回拉扯，既要帮妈妈，也要帮爸爸，我好希望他们可以和睦到老，但这么多年他们一直都做不到。我觉得我自己就快被拉断了，但是我不能断掉，因为那样他们就会分开，家就没了。”这个女儿上初三后就再也不愿意去上学，她说自己要留在家里帮父母维护好他们的婚姻。

有的孩子则会在多年帮助父母无果后表现出另一种极端的态度，那就是要求父母分开。因为在他们看来，父母生活在一起实在是折磨，只有两人分开，他们才会放心。曾有一个13岁的厌学女孩来我的诊室就诊，坐下后她就对父母说：“爸妈你们离婚吧，你们在一起太苦了，你们离了我就能去上学了。”

那么，如果父母发现自己不小心把孩子“三角化”了，或是你是家中的孩子，发现自己被“三角化”了，那该如何是好呢？这个我们也会在第三部分详细介绍。

案例：一切“都挺好”的战争家庭

“你们来找我，是有什么困扰吗？”

“其实我们家都挺好的，就是孩子对上学有些想法，所以来找刘老师聊聊。”

这是我和小雨一家人见面的开场白。小雨是一个16岁的女孩，他们一家人来见我时，小雨已经休学在家半年了。半年前，小雨还是当地一所重点中学在读的学生，是老师眼中的尖子生，父母的骄傲。而现在，她却成了一个“不务正业”，天天在家和父母缠斗不休的“废女孩”。

小雨长得文文静静，在咨询室里跟我说话时很有礼貌，并且思路清晰，逻辑流畅，让我很难把她跟妈妈口中描述的“歇斯底里”“没良心”等词语联系起来。“你为什么从半年前开始决定不去上学了呢？”我直接问小雨。

“你问她！”小雨很愤怒地指着妈妈，似乎妈妈难辞其咎。

“好吧，好像你对妈妈有很多情绪，那你是想自己说，还是妈妈代你说呢？”

小雨回应：“还是我说吧，她说的话肯定又会扭曲真相了。”

“你就那么不相信我吗？”妈妈有些生气，又有些无奈。

“不是我不相信你，而是你的所作所为让我和我爸都没法相信，而且你从来不会反省你自己，只会怪别人。我……”

女孩还想继续对妈妈发作，但被我用手势礼貌地打断了，看来这样的争吵在女孩的家里经常发生，我不希望他们在我的咨询室里还不断重复这些无效的沟通方式。我说：“请等一下，我可以和你们一家人达成一个约定吗？在这里我们可以有情绪，但是也要给每个人说话的机会。我们一起努力，用比较有效的方法把想说的说清楚，你们觉得可以吗？”

“我觉得是可以的，其实刚才是我妈刺激我，我才发作的，我……”小雨还想继续攻击妈妈，但马上被我制止了。

同时，我观察坐在旁边的爸爸，他在整个母女冲突的过程中一直面无表情地坐在那里，默不作声。这个家庭在我面前呈现的互动方式很有趣，我问爸爸：“她们母女俩在家也经常这样吗？”

“这还算好的了，她俩有时候在家甚至会打架。”

“她和你沟通时会这样吗？”我问。

“和我有时候情绪比较激动，但不像和她妈妈闹得那么凶。”

“为什么和你沟通还好，而对妈妈是这样呢？”

“我也不太清楚，可能是她妈比较唠叨吧，我也说不上来。”爸爸的话里透着一丝犹豫和顾虑。

“老爸，你为什么就不能勇敢一点呢？你心里明明对她（妈妈）那么不满，为什么当着医生的面就不敢说呢？她那么欺负你，你没有自尊，不会反抗的吗？”小雨打断了爸爸，她的反应很特别，似乎是在帮爸爸声讨妈妈。

“刚才你对爸爸说的那段话是什么意思？能讲得清楚一些吗？”我问。

“他俩之间其实有很多问题，我妈很强势，总爱欺负我爸和我爷爷奶奶，而且她发起脾气来像疯子一样。我小时候是我爷爷奶奶带大的，但我妈妈不喜欢他们，她总觉得别人欺负她，不许我和爷爷奶奶来往。然后我爸也不敢吭声，我真的很生气，凭什么不准我见爷爷奶奶，凭什么她就老欺负别人啊？！”小雨说道。

“其实我和她爸爸挺好的，没什么大问题，都是一些小事情。”妈妈回应道。

“你撒谎，你们为什么就是不愿意面对现实呢？你和我爸过得那么糟糕，我觉得你们还不如离婚算了！”小雨反驳道。

“似乎你们女儿觉得你们俩的婚姻并不是那么和谐，你们怎么看？”我问父母。

“医生，我不知道你能不能体谅我这个年龄的中年男人的无奈心情。”在女儿的带动下，爸爸抢先回答，“我和她妈结婚20年，洗了20年的碗，也被她数落挖苦了20年。”爸爸的话中明显藏着愤怒和无奈。

“但是你这20年就从来没有把碗洗干净过！”妈妈立即反驳。

“你看医生，她就是这样，这么多年一直这样欺负我爸。”在妈妈说爸爸时，小雨再次跳出来挡在父母之间。

“我很好奇，为什么你父母之间有冲突时，你比你爸爸还生气？”我问小雨。

“因为我觉得他们会有现在的问题，其实两个人都有责任。但是我妈妈就是很固执，她总是觉得我爸家的人对她不好。从我小时候起，她没事就在我面前说我爸家里的人对她怎么怎么不好，隔三岔五就在我面前哭。还骂我说我向着我爸，不向着她，我都被她搞得崩溃了。这是他们之间的事，和我有什么关系啊？我为什么要无缘无故承受她这么多吐槽呢？我想不理她，但是……”说到此处，小雨流下了眼泪。

“但是，又发现自己没办法不顾及妈妈的感受，对吗？”我轻声问。

“是的，因为她是我妈，即使她扔再多的情绪垃圾给我，我也得接着，我不能抛弃她。”小雨已泣不成声。

和许多卷入父母冲突中的孩子一样，小雨无法对爸爸妈妈的恩怨情仇不闻不问。虽然这么多年来妈妈情绪的排气筒这个角色并不好当，她也在用愤怒表达自己的不满，但她始终无法放下妈妈，因为妈妈对她来说可算是这个世界上最重要的女人。而另一方面，她又同情自己的爸爸、爷爷和奶奶，她既无法抛下妈妈不顾，又不允许自己背叛爸爸及其家人。这样被夹在父母中间撕裂的境地，是全世界的孩子最无法面对也最不愿意面对的。

那么这样被三角化的处境，和小雨不上学有关吗？这一点还需要继续探讨。于是，我回应道："我想这么多年你一面要照顾妈妈的情绪，一面又要顾念着爸爸，一定很不容易吧？这对你的生活学习有影响吗？"

"当然有啦！他们总觉得我不上学是因为我不用心，没毅力。但我想说的是，我的毅力早就被他俩之间的事给磨光了。其实他俩在家里早就不说话了，每天在家就像室友一样。"

我接着问："看到他们那样，你是什么样的心情呢？"

"我真的很担心他们。如果他们真的离婚了，妈妈一个女人该怎么过啊？她那么敏感，那么容易被伤害。爸爸也是，他嘴巴那么笨，情商那么低，能力又很一般。这么多年都是我妈在后面一直催促他，他才在工作上稍微有点小成就。如果离了婚，他下半辈子怎么过啊？"小雨皱着眉头说。此刻的她更像是她父母的父母，就像一个操心的小管家一样，时时刻刻担心自己的父母过得好不好。

我看看父母，他们都在安静地听小雨说话。我追问道：“那每当你想到这些时，会对你的学习产生影响吗？”

“我知道我必须学习，因为那是我该做的事。但每当想到他们，我心里又总是浮躁得很，总觉得有事情放不下，根本就没心思学习，因为……”

“因为在你的心里，一直有一对让你牵肠挂肚的父母，对吗？”我问道。

“是的，我放心不下他们，”小雨再次哽咽，“我曾经无数次问我爸，他为什么要娶我妈这样敏感的女人？如果他给不了这个女人她想要的东西，为什么要和她在一起？我也问过我妈妈好多次，为什么要和我爸结婚？既然你觉得他什么都不行，为什么还要将就呢？为什么不早点离婚呢？”

“但是我猜测，你心里应该也挺纠结的对吗？一方面，如果实在过不下去，希望他们能和平分手，各自安好；另一方面，又真的不希望他们分开。”我问道。

“对啊，谁会希望自己的父母分开呢？我做梦都会梦到他们和好，一家人开开心心出去玩。我觉得我就像他们感情的管家一样，小心地照看他们的感情，不让它消失。”

此时，坐在旁边的妈妈已泪流满面：“我从来没意识到，原来女儿这么在意我和她爸爸的关系。确实，我和她爸爸之间早就没什么话说了。”

谈话至此，我们终于触碰到了使小雨无法上学的核心因素——父母之间多年未解决的冲突。妈妈后来告诉我，他们结婚多年，她觉得丈夫眼里只有公婆。不管她和婆婆因为什么吵架，丈夫从来都是偏向婆婆：“虽然结婚那么多年，但他一直都只是他妈妈的乖儿子，从来没有真正变成我的老公，从来没有真正把我当作他生命中最重要的女人。我恨他，但又很需要他，我也很矛盾。”

“你爱人的这些心情和想法，之前跟你说过吗？你们是怎么交流的？”我转而向爸爸求证，此时他的妻子需要他的回应。

爸爸说，他其实早就知道妻子的这些想法，但是妻子许多时候歇斯底里的表达方式和过多的情感需求让他受不了：“她从小父母离异，父母不管她，是姑姑把她养大的。从小她就过得很苦，16岁就独自离家出来读书了。我和她在一起时，就觉得她好像不只是把我当老公看，还把我当作她的爸爸看，如果有时候她有什么小情绪我没及时发现或哄她，她就会很生气，甚至大吵大闹，我后来就觉得受不了。”

此刻如果继续让爸爸这样抱怨他的妻子，不会有太大帮助。我打断了他，并对他的抱怨进行了积极的解释：“所以你的意思是你也很理解她的感受，也很想安慰她，只是希望她可以稍微调整一下自己表达情绪的方式？”

“当然心疼她啦。当时我就是因为想保护她，所以和她在一起的。”爸爸回应。

夫妻俩终于开始愿意正面讨论他们的冲突了。我发现此时的小雨，身体比之前舒展了一些，仿佛看到了父母之间的冲突有解决的希望。之后的多次咨询里，我们谈话的重点转向了父母之间的婚姻关系，我们回忆了他们相识和相恋的美好过往，讨论了以后妻子可以如何更好地觉察和管理自己的情绪，怎样更直接清楚地告诉丈夫自己的需要。我们也谈到了丈夫可以怎样更好地回应和安慰妻子，也讨论了夫妻两人各自与自己父母的关系。

其间，小雨也曾多次想要插话，想要再次承担起父母婚姻管家的角色，但都被我打断了：“这段时间，你这个感情小管家先休个假吧，让你的父母自己去管理他们的感情。”

“好吧，不好意思，我又‘违规’了。”小雨可爱地吐吐舌头。

后来，我也记不清具体又见了这个家庭几次，只记得后来小雨的父母在咨询室里吵得越来越少了。在我们最后一次咨询结束时，一家三口都比之前平静了许多。

有一天，我收到小雨的一封邮件，内容很简短：“刘医生，其实这封信我早就写好了，但一直没来得及发出。现在我留了一级，换了一所学校继续读书。虽然学习还会有压力，但我觉得自已能承受。父母之间的关系比之前好了，虽然他们有时还是会吵架，我偶尔也会有一些担心，偶尔管管他们的事，但我不像以前那么紧张了。哪对夫妻没点矛盾呢？就让我父母自己去处理吧。”

第五章　个人目标和价值感的缺失

除了上述因素，我们发现厌学的孩子还有以下一些个人特征。当然，这些特征的形成，与其所处的社会、学校和家庭环境同样关系密切。

学习无意义感与“空心病”

我们发现，存在厌学情绪和行为的孩子，其实大部分并非想象中那种学习成绩不佳、在学校不受同学和老师待见的孩子。相反，其中相当一部分孩子平日成绩水平中上甚至优秀，与老师和同学的人际关系良好。但是，当我们问及这些孩子，他们自己对人生的追求与目标是什么时，几乎所有孩子的回答都是：“不知道。”

这是一个奇怪且可怕，也值得我们深思的现象。学生们每天规律地起床，去学校上课，完成老师布置的家庭作业，看似过得忙碌而充实，但他们心中却不知道自己为什么要做这些事，自己究竟想要的是什么。对他们来说，学习似乎更像是一份社会、学校和父母指派给自己的工作。就像许多大人每日早出晚归地上班，一边抱怨，一边却需要完成老板和领导分配给自己的任务一样，许多厌学的孩子也把学习看作一种任务，自己并不想做，却又不得不做。对他们来说，学习只是为了应付社会、老师和父母的期待，除此之外，学习对他们而言似乎更多的是一件苦不堪言的事，并没有太多能够吸引他们的意义和价值。

也许有的父母看到这里会说："学习当然有意义啊！如果不学习，将来你就没有办法上好的大学，没有办法找到一份好工作，你就会过得很苦，下半辈子的生活质量就会比不上别人。"父母和老师满以为自己这些苦口婆心的劝导可以感化孩子，但现实情况往往相反，许多孩子对父母的这些劝诫完全无感。

为什么无感呢？原因可能有三。首先，孩子与父母、老师的经历完全不同，他们没有经历过因学历不高而被自己心仪的大公司拒之门外的挫败感，可能也没有体会过每天要为家里的生活开支精打细算的拮据。所以当大人跟他们说"知识可以改变命运"时，他们会完全无感，因为他们可能也不觉得自己的命运需要如何做出改变。曾经一个家境优越的厌学男孩这样说："我觉得每天就这样在家打打游戏，追追剧挺好，反正我家也不缺钱，我爸妈赚的钱够我花几辈子了。我为什么要那么辛苦，为了提高那十多分，为了所谓的好成绩把自己搞得那么累啊？”这个孩子知道，父母就他一个儿子，不管以后发生什么，总归有父母为他托底，所以不管父母如何威逼利诱，他就是不上学。其次，许多孩子从小就像一台机器一样，被家长安排要参加各类培训班，被要求取得好成绩。许多培训其实是父母觉得孩子需要去上的，但孩子自己却不知道这些培训的意义何在，也并不是那么喜欢这些课程。最后，许多家长只关注孩子的分数，只关注将来可以考上什么样的学校，却并不注意帮助孩子寻找和树立属于他们自己的，发自内心向往的人生目标。“你只需要拿高分就行了，至于你的人生究竟想要追求什么，不用多想！”孩子从小就被教育要努力学习，努力工作，却没有人告诉他们这样努力的最终意义何在。没人告诉他们，除了努力，人生还有什么其他值得追寻的价值。

这样的后果，便是培养了大批成绩优秀，上知天文下知地理，看似博学的“空心病”孩子。在他们的眼中，读书成了一份事业，一个自己生下来就在自动遵循，却又不知为何要遵循的人生轨迹。读书成了一样让自己活着有价值，感到自己还存在的，甚至可以随时用来比较的东西。而风光的背后，隐藏的则是一颗空洞的心。这颗心里面装的是家人和社会的期待，但自我却没有了，他们不知道自己该认同什么，追求什么。用鲍恩代际理论[①]的观点来看，这叫作“基本自我”的缺失。“虽然我成绩一直都很好，我也明白读书能为自己带来好的生活，但我还是想不到读书的意义在哪里，只是觉得该去做。”好几位成绩优秀却厌学的孩子均如是说。

有的人可能会说，这样挺好的呀，一生就沿着一条提前规划好的轨道往前走到老。但请不要忘了，没有谁能百分之百控制未来的风险。当读书这份“事业”发展得还好时，“空心人”还算四平八稳。但当这份事业出现危机时，他们便会觉得支撑自己活着的唯一价值没有了，因为他们缺乏基本的不以外界世人眼光为转移的“核心自我价值认同”，缺乏一个所认同的人生价值目标来支撑他们渡过难关，就像航行在漆黑夜中的船舶没有灯塔的指引那样。这样的“空心病”孩子，平日体验最多的情绪便是空虚、困惑和无动力感，更容易在遭遇学业挫折时产生厌学情绪和行为。

正如以下几位前来求助的厌学孩子说的：“我过去的一切都很顺利，父母都觉得我这辈子会这样顺利地发展下去。所以，当

---

① 鲍恩代际理论主要描述了固定的行为模式、人际互动方式、情绪体验、世界观、分化程度、生活习俗等在家庭代际之间传递的过程。比如，低分化父母将自身焦虑在子女面前过度表达，而子女则用相似水平的焦虑回应父母，与之纠缠，并且用相似的情绪表达方式将焦虑传递给自己的孩子。如此，焦虑便在这个家族中一代代传下去。

我那次大考考砸的时候，所有人都蒙了。我觉得支撑我的东西没了，活着的意义没了。”“每当想到我以好学生的身份走下去，高中毕业读大学，大学毕业读研究生，然后以优异的成绩毕业的那一刻，我就怕。怕的是除了读书，我什么都不会，还对什么都不感兴趣。一想到这里，我就觉得心里好空，像黑洞一样。”

自我认同和价值感的缺乏

与“空心病”相伴的往往是许多孩子对自我价值的不认可甚至缺乏。许多学生并不清楚自己活着除了拿高分让老师和家长高兴以外，还有什么方法可以证明自己是值得被他人认可的。而造成这种现象的主要原因有以下几点。

1. 只以成绩论英雄

我们发现，许多厌学孩子的家长只关注孩子成绩如何。只要成绩好，什么都好。如果成绩不好，那什么都不好。这些家长即使夸奖孩子，一般也只是在孩子考得好的时候，或者他们做出一些在大人看来有助于提高学习成绩的事情的时候。

“我父母永远都只关注我的成绩。只要成绩好，他们就会觉得我是好孩子，就会爱我。如果成绩不理想，那不好意思，你做什么都是错，哪怕我曾经那么努力地和同学完成一项助人为乐的社会实践项目，还得了奖，但在他们眼里这些根本不值一提。后来我慢慢就觉得学习好无趣，它就是个我用来得到父母认可的工具，除此之外毫无意义。同时我又感到压力好大，因为如果我考不好，他们就会把我贬得一文不值，就不再爱我了。”一位厌学的尖子生女孩曾经这样在我面前“控诉”她的父母。

而她的父母则一面后悔，一面反驳：“现在我们真的不要求你取得好成绩了，只要你健康、开心就行了。而且，我们也一直很爱你，很认可你，我们都觉得你很聪明啊！”

女孩冷笑道：“你们夸我聪明，也只是因为你们觉得聪明能让我取得好成绩，你们在乎的只是分数，从不在乎我过得开不开心！”父母满以为现在幡然醒悟，不再以成败论英雄，就可以挽救孩子，殊不知“胜者为王”的观念已经在过去十多年间由他们一点点植入到了孩子的自发意识里，就像一个魔咒，哪里是简单的一句“我们不在乎成绩”就能消除的？

而这个孩子也是每日生活在冲突中，一方面不甘心只用成绩来衡量自己的价值，另一方面从小被社会和家长植入的“只有成绩好，才是真的好”的观念又会时刻跳出来提醒她，让她觉得只有成绩好自己才活得有价值。所以她一面觉得自己该学，一面又觉得自己除了学习什么都不是，极度缺乏自信和自我价值感。每天内心陷于这样的纠结中，其中的痛苦只有自己知道。

2. 缺陷取向的家庭氛围和管教方式

家庭是孩子从世界上获得爱和认同的第一个也是最重要的来源。同样，家庭也是最容易毁掉一个孩子自我价值感的地方，正所谓“成也萧何，败也萧何”。厌学孩子所成长的家庭中，家长多习惯采用“缺陷取向”的方式看待自己和他人，也自动地采用攻击、指责、鄙视的方式和彼此交流。他们一般非常善于发现孩子身上的缺陷，或是把原本中性或积极的事物解读为负面，即使在孩子做出一些比较值得称赞的事情时，依然采取贬低的方式去回应和评价。

这样的家庭沟通氛围日积月累，极其容易毁掉一个孩子的自信。临床经验和研究都证明，从小在批评和否认中长大的孩子，成年后职业成就更低，出现心理问题的概率更高，出现婚姻关系不满意者比例也更高。相反，善于发现、关注和表扬孩子优点的，对自身价值更加认可的父母，更加容易培养出身心健全的孩子。这些孩子在日后面对学业、职业、人际关系和婚姻逆境时抗挫能力也更强。请注意，这里所谓的表扬孩子，指的是在孩子付出努力取得成绩后，就事论事地给予孩子赞扬。并且表扬的内容不能只是关注结果，而同样应当对孩子的努力过程予以勉励，即使结果不尽如人意。

但有些遗憾的是，中国家庭的父母似乎并不善于发现孩子的优点并为其点赞。我们从小接受到来自父辈的“正统”观念似乎一直都是要谦虚，即使孩子取得一些成就也不能表扬，不然孩子会骄傲。哪怕你的孩子真的比别人优秀，也不能表现出来你会为他骄傲，而且不能当着别人的面夸奖他。然而，这样对夸奖的吝啬，对于建立孩子的自信和能力并没有什么好处。因为要让个体保持对某件事持续的热情，需要使其从这件事中得到“犒赏”，精神的或是物质的都有必要。如果孩子在取得阶段成果（比如好成绩）后，一直得不到精神上的犒赏，他们对这件事会慢慢失去热情，他们不会从成功中获得自我认可，那么自信自然就难以建立。

中国这种“缺陷取向”的文化观念目前仍然影响着许多家庭。记得一个来求助的家庭，儿子大学读了一年，期末考试成绩不理想，便再也不愿意回学校。从这个家庭进入咨询室开始，父母就轮流列举儿子的各类缺点，比如没有男子气概、不果断、软弱、思维不够敏捷等，足足说了20分钟，内容的鲜活程度足以写一篇小说。当父母批评这个男孩时，他一直低着头玩手机，看似不在意，却能从他玩手机时手指的僵硬动作看出，他其实因为父母的贬低很受伤。

我当时打断父母，问他们：“你们一直在说他做的让你们不满意的地方，那他有什么优点吗？”我注意到当我提出这个问题时，男生打游戏的手停了下来，似乎很期待父母的回应。然而，父母的反应却让我感到有些意外。他们听到我的问题后，表情凝重，开始绞尽脑汁地思考，似乎要找到儿子的优点是一个世纪性的科学难题一样。最后两人想了半天，憋出一句："医生，我们真的想不出他有什么优点。"

我注意到此时男孩的身体微微震了一下，随后整个身体直接瘫倒在沙发上。我猜，男孩可能也一直在期待父母的认可吧，但这个愿望却从来没有实现过。从小不断传入男孩耳中的来自父母的否认，渐渐成为他对自己评价的一部分，成为一种"自我应验的预言"，在父母眼中他是个一无是处的人，慢慢地，他就真的觉得自己做什么都不行。所以，在经历了一次考试失败后，这种自我无价值感彻底爆发，让他无力再应对接下来的学业和竞争，只能回家玩游戏以求解脱。

案例：被名校退货的"空心"天才

明睿从小就是妈妈的骄傲，他不仅各门功课成绩常年稳居学校第一，而且从小到大拿过无数奖项，这些奖项所涉及的领域包括语文、奥数、物理、化学、历史、地理、绘画和设计等。

除了成绩优秀以外，明睿从小也非常听话，基本很少哭闹，生活和学习从来不用长辈操心。在老师眼里，明睿也一直是一个聪明、善解人意、乐于助人、人缘好的孩子。要说唯一让大人有些担心的，那可能就是这孩子不爱笑。18岁的小伙子，总是心思沉重的样子，好像心中装了许多无法言说的心事。但是，瑕不掩瑜，这根本不影响明睿在别人眼中“十全十美天才”的形象。

然而，这么一个“完美无缺”的天才，虽然高中毕业后以全额奖学金被美国一所顶尖的名校录取，却在赴美就读一学期后，因为90%的科目未通过，被校方严厉警告，“退货”回国了。在美国读书期间，他晚上常常通宵泡吧，白天要么在住所睡觉，要么宅在家里打游戏，极少去上学，一直到期末成绩全面飘红，几近要被学校勒令退学的地步。

妈妈万分焦虑，连忙赴美。她以为孩子有了什么心理问题或者疾病，把他带到精神科医生处，医生给出的评估则是没有明显精神障碍的表现。

“那我的儿子到底怎么了？他以前明明是那么一个懂事又聪明的孩子，为什么到了美国就像变了一个人一样呢？”妈妈带着明睿找到了我，希望能通过心理咨询让他变回过去那个“完美”的男孩，重返校园。

根据既往的经验，面对这种厌学的天才学生，如果一上来就直接问他为什么不上学，多半会招来其反感，因为这个问题估计已经被人问过无数次了。所以我问明睿的第一个问题是：“你在美国读大学，感觉生活各方面和中国有什么不同吗？”

明睿吃惊地看着我：“你不问我为什么不去上课吗？之前的

人都这么问。”

“因为我猜你不上学可能只是一个表象，后面还有其他的想法或者情绪，不知我这样猜测对不对？”

“猜对了一半。”明睿回答。男孩很聪明，他和我这个第一次见面的陌生人谈话时，明显在观察我的表情和眼神，以此来评估自己说话是否得当，并且在试探我值不值得信任。

“那你愿意告诉我，我猜对的那一半和你生活中哪方面有关吗？同学、新的生活环境、家庭，或是其他？”我追问。

“刘医生，我喜欢你的直率，我想单独和你谈，可以吗？”

我看了看坐在旁边的妈妈，她的脸上写满了不安和困惑。看得出来她很纠结，一方面很希望听听儿子心里到底是什么想法，另一方面好像也意识到有的事情儿子并不想让她知道。

“这个我们需要讨论一下。如果我单独和你谈，可能出现一种情况，那就是你跟我说的有些事，你不想让你妈妈知道，但我可能又觉得她需要了解。如果出现类似情况，我该怎么办呢？”一般当某位来访者提出想单独和我谈时，我都会先和他们讨论如何处理单独会谈中可能发现的秘密。因为只有这样，我作为咨询师才能尽量做到中立，更好地帮到来访者。

“如果有的事让你太为难，我暂时不会说。我不会让你为难的，刘医生。”明睿很有礼貌，他问妈妈：“你可以出去等一会儿吗？”

妈妈点点头，走出咨询室。“其实我想跟你说，我从小到大读书一直都是为了妈妈，我并不觉得读书有什么实际意义。”明睿开门见山。

“请说得详细一些，你这种感觉是怎么来的？和你妈妈以及你的家庭有什么关系？”我邀请明睿提供他目前厌学的背景信息。

“大概在我3岁多的时候，我的父母就离婚了。具体原因我不清楚，但大概知道是因为我爸爸在外面有人了。父母离婚后我就一直跟我妈过，我妈很要强，也很厉害，她自己创业，生意做得很好。从小她对我的期待就特别高，要求特别严。”

“有多严？期待有多高？”

“刘医生，你可能想象不到，你知道我从小到现在拿过多少个奖吗？”

“哦，我猜猜，几十个？”

“错了，将近700个！”

说实话，我确实吓了一跳，来就诊的学霸我见过不少，像他这样霸到如此程度的还真是极为少见。我说：“我的天啊！700个！让我帮你算一下，就算你从出生就开始拿奖，拿到18岁，平均每个月要拿三到四个奖，你怎么做到的？”

“怎么做到的，天天上补习班，刷各种题目和技能呗。反正我从小的记忆是，不是在参加比赛，就是在去参加比赛的路上。”明睿叹口气，很无奈地笑笑。

“那有了这样的经历后，你对学习这件事是怎么看的呢？”

“就是觉得学习、比赛和拿奖就像每天的日常动作，就像你们医生每天看病写论文一样，只是机械地做。”

“只是机械地重复，但不觉得有什么意义。那你自己有什么梦想吗？比如未来想做什么工作。”

“没有，”明睿很快地回答，“反正我妈都帮我安排好了，未来估计就是接管她的企业吧。人生其实挺无趣的，就像轨道列车一样，我现在就能看到几十年后我的样子。”

看来，明睿也患上了“空心病”，每日忙碌于各类补习班、学校和竞赛，却不知道属于自己的人生目标在何方。但是，这种情况是怎么来的，和他的家庭有什么样的关系，我还得进一步了解：“你愿意说说这种感觉和情况是怎么来的吗？”

“从小妈妈就一直在我耳边说，人只能靠自己，别人都靠不住，不管未来我做什么，她都要我成为那个行业最顶尖的人。她早就把我未来的路都规划好了，包括上什么补习班，上什么学校。我感觉，她很害怕我的人生发生什么闪失，每天都在担心我不够优秀。其实我早就不想上学了，一直想跟她说，但每次看到她那么辛苦地创业，支撑我和外公外婆的生活，我又特别内疚。”明睿回答。

“所以这也是你要求单独跟我谈的原因吗？不想让她听到这

些话？”

“是的，我怕她知道以后受不了。因为她的婚姻和前半生已经很不幸福，我就是她唯一的希望，现在我成绩这么糟糕，她已经够难受的了，我不想她听到我藏在心里的想法，那样的话估计她会彻底崩溃的。”明睿平静地说。

“那么，容许我提一个大胆的问题，你觉得你妈妈对你的期待里面，有多少是作为一个妈妈对儿子常规的期待，有多少是把她对自己婚姻和前半生的不满，变作期望间接转移到你身上呢？不知我这个问题是不是太复杂了？”

明睿微微一笑：“刘医生，你说得很清楚，我的感觉就是如你所说的那样。虽然他们离婚那么多年，也不太来往，但我常听我妈抱怨我爸，说他没本事，没责任心，不配做一个男人。我觉得她把对那段婚姻的失望、愤怒都转化成了创业的热情，还有对我的期待。”

“你的意思是说，创业能让她自己感到强大，而看着你成为优秀的人，能帮她弥补对那段婚姻的失望？”

“我觉得是的。”

“这是怎么产生关联的？”我继续提问，邀请明睿自己去整理家庭的关系。

“我想，虽然她的婚姻很不幸，她没能拥有一个能干和让她满意的丈夫，但她养育了一个了不起的儿子。看着我成为同龄人中最顶尖的人，对我妈来说算是对她前半生失败婚姻的一个弥补吧。”

这个男孩的冷静和理智让我吃惊，在这个家庭中，与其说他是儿子，还不如说他同时承担了一部分妈妈的“小丈夫”的角色。他用自己的成绩弥补了妈妈对那段婚姻的遗憾，安抚了妈妈的悲愤。望夫成龙不成，只能望子成龙，妈妈通过让儿子发展成自己期待的样子，弥补自己在前半生婚姻中的遗憾。

而明睿，他不是没有自己对未来的打算，但是这样的打算，在妈妈的悲伤和期待面前都显得那么微不足道。在明睿心中，妈妈才是这个世界上最需要他去陪伴的人，实现妈妈寄托在他身上的期望，就是自己能给予妈妈最好的安慰。

但是，这种类似于道德绑架的母子关系，也让明睿进退两难。如果一直按照妈妈的期待走，势必会失去自我，牺牲自己独立的未来。如果不遵循妈妈的期望上好的大学，做她期待的工作，又意味着对妈妈的背叛。

这样的冲突，当明睿还在妈妈身边时，也许还不是那么明显。但当他身在相隔万里的美利坚时，内心自我发展的声音开始日益强大。此时，冲突便爆发了。心中那个反抗的意愿让明睿再也不想按照妈妈设计的人生路线走，但正因为从小习惯了在妈妈安排的人生轨道上走，连思考都由妈妈代劳，突然给了他自由，他却不知道自己接下来的人生该往哪里走了。

“我长这么大，第一次感到这么自由，这么无拘无束，好比鸟飞上青天。但心里又觉得特别空，好像考上这所大学已经是我人生的巅峰了，那么接下来我还要往哪里去呢？”明睿迷茫地说。

这种“空心病”式的迷茫让明睿付出了代价，而他的妈妈有一个新的理由继续待在儿子身边，看护他的生活：带他就医。母子二人就这样再次陷入纠缠当中。这种纠缠虽然能够增强两人之间的情感连接，但却以牺牲明睿的前途为代价，结果自然不言而喻。

此时，我觉得到了该把妈妈请进来的时候了，这对母子需要做一些心理上的分离，妈妈需要帮助儿子发现属于自己的下一阶段人生的追寻目标。而她自己，可能也需要开始考虑当儿子离家后，应当如何安排自己接下来的生活。

我问明睿：“如果一会儿你妈妈进来，刚才我们说的哪些话你觉得可以跟她讲呢？”

“我说的从小就不想学习，没意义那段别告诉她，我怕她伤心。也许可以讨论一下怎么样让我妈妈的生活变得更有意义，还有关于我的未来怎样可以过得更有意思。也许这一点她可以帮我提提意见，找一些可能的方向。”

“如果妈妈在未来找到更多属于她自己的生活乐趣，那对你会有什么积极作用呢？”

“如果她自己找到生活的意义，她承认了自己人生的价值，而不是总是用自己上半辈子那段失败的婚姻来否认自己，来鞭策我，不是让我来背负她前半生的失落，我会感觉轻松很多。”

“但我猜你肯定不希望我用责备的语气和她提这个建议。”我说。

“当然不希望。如果妈妈很自责，我会更内疚，因为我会觉得她的不开心是我引起的。”明睿回答。

我们把妈妈请进咨询室。我充当起明睿的心意转读者的角色，将他的抱怨转变为对妈妈多年付出的欣赏。我跟妈妈说：“刚才他跟我说了，他小时候你和他爸爸就分开了，你一直支撑这个家，为他的学习和发展劳心劳力。他都看在眼里，记在心里。他很尊敬你，也很爱你，所以一直都很努力。只是他在努力的同时对自己未来真正想做的事有些迷茫。这次考砸了，一部分也是因为到了国外后，突然感到很自由，一下不知道该干什么了。他心里很内疚，所以现在他想借这个机会重新去思考和寻找自己下一阶段的人生发展目标。他说你的社会阅历很丰富，见多识广，在这方面也很想请你帮他拓展一下思路，多给他一些支持。”

妈妈说：“刘医生，你的意思其实我懂。他小的时候我确实给他的压力太大，为他包办的太多。其实之前我的朋友也这么说过我，但我没有太当一回事儿。直到这次问题出现，我才开始意识到也许我也需要改变了，但我确实不知道该怎么做。刚才听了你说的，我明确多了。如果这就是他现在需要的，我愿意为了他去尝试。”

“我希望你不是为了我，而是为了你自己以后能过得更好。”明睿显然不想再背负妈妈下半辈子开心与否的责任了，所以他马上纠正。

“是的，其实他刚才也提到，他这么多年一直都很心疼你，觉得你一个人打拼和照顾家庭很不容易。他很盼望看到你以后也能过得真正轻松和开心，对自己好一些。这样也许他也会觉得心里放心一些，才更能安心地追逐他自己的梦想。”我把明睿的抱怨“解读”为对妈妈正面的关心和期待，因为这样温柔的推动能让妈妈更有改变的动力。

妈妈眼中泛着泪光：“其实这么多年我一直盯着他，有很多是出于内疚。我觉得自己没能给孩子一个完整的家庭，那他跟着我，就千万不能让他长歪了，所以我一直不愿放手。我知道他也经常觉得我烦，但我就是控制不住自己。今天听他说这些话，我才知道原来他那么心疼我，我觉得我真的需要改变了。”

接下来的咨询，我和明睿讨论了他未来发展的各种可能性。妈妈则有几次在一旁听，必要时提一些她的建议。明睿提到其实他对做生意并没有太大兴趣，倒是对科研很喜欢，希望以后自己可以成为一个生物学领域的研究者。此外，我们还谈到了发展学习之外的兴趣爱好。

“毕竟人生苦短，我们总需要一些能够讨好自己，让自己觉得生活还有乐趣的事情吧。”在一次咨询中明睿若有所思地说道。

在这个过程中，明睿谈到了他的爸爸，他说爸爸是一个幽默有趣的人，平时虽然见他不多，但每次和爸爸在一起总觉得很有趣：“我觉得让生活变得有趣这方面，爸爸可以帮我。”

同时，妈妈也去找了一位她自己的个体心理咨询师，帮助她处理前段婚姻中的情绪和伤痛。慢慢地，妈妈的焦虑开始缓解，她的生活也变得更加丰富多彩。妈妈的轻松推动了明睿的自我宽恕，他渐渐让自己也松弛了下来。现在他终于可以为了自己，而不是为了照顾妈妈的需要去求学了。

后来，明睿回到了大学，在修原本报考的专业的同时，又同时修了另一个专业。有一次他自己来找我，看着他谈笑时轻松的表情和语气，我知道他终于可以放下妈妈，安心离家远行了。

其实家庭往往就是这样，不只是父母会担心孩子，孩子离家时也会对家中的父母牵肠挂肚。只有孩子确认他们离开后父母能够过好自己的生活，才能放心地离家，去追逐自己的梦想。

第六章　返校屏障

在我们接触的厌学案例中，有不少学生经过治疗和调整后，情绪恢复了稳定。他们订立了新的目标，对学习重新产生了兴趣，且其家庭环境也发生了积极的变化。但是，在他们将要返回学校之际或是刚回到学校不长时间，总会再次出现对学校的恐惧。我们着重了解了这部分学生，发现了以下问题的症结。

同学人际冲突、恶性竞争与偏见

厌学孩子中有一类非常典型。他们不去学校，主要是畏惧在学校中与同学之间的人际冲突和竞争。而进一步询问会发现，这些孩子所在的学校氛围往往都有如下特点：校方过度强调学生成绩，老师们自身因为教学任务和业绩压力被焦虑或抑郁所困扰。校方将这种焦虑传递给家长和学生，而后家长再进一步强化学生的焦虑，最后学生之间形成学业上的恶性竞争。这些学校的学生们往往不是互相学习，取长补短，而是相互贬低和攻击，巴不得对方考得比自己差。

在心理咨询中，我曾经接触过一个女孩，她原本在北方A城市的一所重点学校读书，在12岁时基本把小学语文课本上提到过的文学名著都读完了，同时奥数多次获奖，是文理兼备的优等生。后来因为父母工作变动，举家搬迁，女孩也转学到B城市的一所省重点中学。不料，她这个成绩优异的“空降兵”在新学校遭受到了周围同学敌视的目光。新学校的升学压力超负荷，学生们把彼此看作竞争对手。学生们在看到别的同学取得好成绩时的反应不是祝贺，而是嫉妒、讽刺和挖苦。而学校老师普遍有教学压力，自身焦虑不安，经常在班上说“某某同学又考得比其他人好”之类会加重学生之间恶性竞争的话语。女孩每天在学校不仅要想怎么把成绩搞好，还要费尽心思地去应付那些嫉妒她成绩的同学。她在新学校就读一学期后，虽然期末成绩优秀，但怎么都不愿意去上学了，每天宁愿在家自学。父母最开始看到女儿这样时根本无法接受，但经过咨询，反复讨论和了解了女儿的这些苦楚后，他们慢慢也接受了女儿的选择。他们和学校协商，为她请了病假。病休期间女孩定期去学校找老师领取练习考卷和相关复习资料，请教不懂的课程和题目，月考、期中和期末考试也无一遗漏地参加，并且成绩理想。

有的父母可能想不明白，孩子去学校主要是学习的，为什么要那么在意同学的态度和看法？因为从发展心理学角度讲，青春期（一般从12~13岁开始）是孩子心理发育过程中一个重要的转变阶段，这个阶段孩子对自我价值的认同来源已经从家长的肯定慢慢转变为同龄人的认同。换言之，对于孩子来说，青春期之前父母和家人说我好，我就觉得自己真的很好。青春期开始，父母说我好还不够，同学和朋友们说我好，那我感到自己才是真的好！青少年这种自我价值认同观念的转变并不是什么“神奇”的现象，就是个体心理发展的自然规律，就像人每天要吃饭睡觉，一年有四季那么自然。

你会发现，这个年龄阶段的女生开始越来越在意同学们怎么评价自己的相貌和穿着打扮，而男生也开始在意在别的同学眼中自己的球打得好不好，游戏玩得牛不牛等。如果学生在学校不被同学认可，感到被孤立，自然就会慢慢觉得自己不够好，自卑，抬不起头。那么，他们对本就需要花费大量体力和脑力的学业是否还会有兴趣呢？答案不必我说。

因此，当你听到孩子倾诉他们在学校与同学的关系让他们多么不开心时，请不要不当回事儿。这个时候，家长需要给孩子温柔的陪伴，把你的耳朵借给孩子，耐心地倾听，为他们提供力所能及的情感支持。必要时可以帮他们分析人际交往对策，提供建议。

校方的焦虑情绪和压力

学校恶性竞争环境的形成，往往和一些学校官方传递的焦虑密不可分。因为每一年学生的考试成绩直接影响着某些学校第二年能否有足够的生源，因此不少学校过度强调分数和升学率。学校管理层往往会把这种压力转移给老师，老师为了保住工作，晋升职称，也不得不成为应试教育的奴隶。有的老师自身分化程度比较高，心智比较健全成熟，他们可以把教学压力和自身情绪区分开，管理好自己的情绪，有策略地去鼓励和督促学生学习。但有的老师则不然，他们面对学校的业绩压力时极度焦虑，并且会在与学生、家长的互动中无节制地传递焦虑。

曾经有一个初中男生跟我说过，他的班主任老师每天都是一副愁眉苦脸的样子，就算什么都不说，别人也能从她脸上看到大大的“焦虑”二字。这个老师每天要在家长群里发不少于100条微信，叮嘱家长们要看住学生们的学习。一旦看到学生的一丁点儿错误，她便能唠叨上半小时，还常常大发脾气。如果按照精神科的诊断标准，这位班主任已经达到“焦虑障碍”的标准了，而一旦老师有过度的负面情绪，学生往往是第一批受波及的群体。

我们每年都会有进入中小学校的医教结合项目。与学校老师及管理层人员的接触让我体会到，教师也是一个心理健康急需关注的群体。他们不仅要承担这个“只以分数论英雄”的年代所造就的教育压力，还要处理学生的心理健康议题，同时又要经营好自己的私人生活，真是重重压力。

同学与老师的特殊关注

某些学生在返校后，会发现自己受到学校老师和同学的“特殊关照”。一些老师会在焦虑以及对学生担心的驱使下，过度关注那些曾经厌学的“有问题的特殊学生”，他们生怕这些曾经的“问题户”在学校里再次出现问题。有的校方人员会每天定期去询问这些厌学返校学生的情况，我们甚至见过有的老师指派专门的同学每天去“关心”当事学生。

这样的做法虽本意是好的，但在许多学生看来，校方的这种行为会让他们感到尴尬，觉得自己被老师区别于其他同学特殊对待，好像自己很不正常。而周围的同学，在看到该同学被老师特殊关注后，也难免在背后议论，有时甚至和该同学保持距离，使其被孤立。

这种被当作特殊人群看待的体验，极其不利于厌学学生重返校园。因为在厌学学生重返校园的所有环节里，同龄团体的接纳和无差别对待是最重要的一环，没有人喜欢在某个群体里被其他人看作“怪物”。因此，每当有学校老师来我这里咨询某学生重返学校后该如何对待他时，我的回答都是：“就把他当正常学生看待，让他正常地和同学交流，老师不近不远地定期观察就行。既不过度关注，也不过度忽视。如果他有什么困难需要帮助，老师和同学提供力所能及的帮助即可。”

案例：让游戏做“背锅侠”的家庭

小夏今年刚读初一。按照妈妈的话讲，小夏是在初一开始后“突然”就不想去上学了。我问妈妈，在小夏决定不去上学前后他们家或是生活里有没有发生特别的事情？

“没发生什么事，一切都很正常。”妈妈有些闪烁其词。

“真的吗？”我有些怀疑。

“你就不要隐瞒了，诚实一些好不好？”坐在旁边的小夏显然对妈妈的回答很不满。

“发生了什么？”我问。

“好吧。”妈妈深吸一口气，跟我讲了她和孩子爸爸“离婚不离家”的故事。原来，她和小夏的爸爸在孩子5岁时就因为感情不和领了离婚证。但是为了照顾小夏的感受，给他一个“完整”的家，父母二人对外装作没有离婚的样子，照样住在一起。

为了不被家里人发现他们婚姻的异样，每天晚上到睡觉时间时，父母二人都是假装一起进卧室睡觉，等老人和孩子睡熟后，爸爸再悄悄跑到客厅里面睡沙发。每天早上在家里其他人醒来前，爸爸会悄悄爬起来去上班。而平日父母二人在家里碰面时则是形同路人，彼此间几乎不说一句话。

其实，在初一开学前几天小夏还是愿意去上学的，基本没什么异样。在开学前两天准备去学校报到时，妈妈让小夏去房间找自己的户口本。结果，孩子在找户口本时无意间发现了妈妈藏在抽屉底部的离婚证。他这才知道原来父母在他5岁时就已经秘密离婚了，那一瞬间复杂的感觉填满了他的脑子："我觉得这么多年都被他们骗了。他们真可恶，这么多年装出一副什么都没发生的样子。我当时一下就明白了为什么从小我们家都是怪怪的，气氛特别沉闷，但是又说不出来是哪里不对劲。"

我问："之后你就决定不去上学了吗？"

"突然就没有去上学的动力了，好像心里面有东西垮了。"

"有东西垮了？是什么？"

"说不清，其实从小我就觉得活着特没意思，每天上无聊的学，回家还要看着他俩（父母）那张死气沉沉的脸。我常常想既然大家活着这么没意思，为什么不去死了算了。"

"那发现父母已经离婚这件事后，你的这种感觉有什么变化吗？"

“你这么一问，我想起来了。好像当时就觉得上学完全没有意义了。你看我父母都是研究生，每天起早贪黑的，被老板骂，结果最后婚也离了。学历高有啥用啊？还不是像他们一样过成那副死样子？我觉得还不如过得轻松点，开心就好。”

对小夏来说，学习本身就是一件不那么愉快的差事，加上父母之间长期“隐离”的状态，使得家中沉闷、乏味，充满暗流和敌意。小夏从小极少在家中获得放松、支持和快乐的感觉，这使得本就需要投入大量精力的学习在他看来更加艰难：“我常常想，不知道是谁吃饱了没事做，发明了学校这么无聊的东西。我的生活本来就很艰难，很没意思了，为什么还要搞个学校出来折磨我。”

一面是乏味的学业，一面是缺乏支持，难以让人放松的家庭氛围。小夏在整个小学阶段，就是在这种“腹背受敌”的情况下强撑了六年。好不容易上了初中，结果父母婚姻表面完整的假象却在他开学之际被戳破了。这成了压倒骆驼的最后一根稻草，本就对学习丝毫无感，对未来毫无憧憬的小夏，最后那一丝学习的动力也被抽走了。

“那你平时在学校有朋友吗？对自己长大后想做什么有想法吗？”我问。

“我朋友很少，我觉得我的那些同学傻呵呵的，太幼稚了。成天要么想着考高分，要么想着吃什么零食。多无聊，就算你考了高分，上了重点大学又怎样，往后辛苦的工作、‘社畜’[①]的生活、不幸的婚姻，苦日子多了去了。我对未来没什么想法，过得轻松就好。”小夏回答。

“那你平时有这些烦恼或者心情不好，会怎么办呢？”我问。

“打游戏，上网。”

“对的，他现在打游戏很多。我觉得他不上学就是游戏害的。”妈妈觉得好像终于谈到了问题的症结，连忙补充。

小夏生气地斜眼瞪了妈妈一下，用一种略带嘲讽的语气说：“对对对，都是游戏害的，你爱怎么说就怎么说吧。”

我跟妈妈说：“先不要急着下定论。”

接着又对小夏说：“小夏，愿意说说你打游戏时是什么感觉吗？”

“就是觉得很爽啊，可以忘记一切烦恼。在游戏里面，我觉得活得简单多了，只要你玩得好，会利用规则，就什么都有。不像生活里，每天要面对死气沉沉的爹妈、无聊的学习和老师，还有幼稚的同学，不用做一些没用的努力，结果最后什么都得不到。”

“听起来你儿子好像觉得游戏为他提供了许多在现实生活里得不到的东西？”我转头与妈妈解释小夏的话。

---

① 社畜：网络流行词。该词是日本用于形容上班族的贬义词，指在公司很顺从地工作，被公司当作牲畜一样压榨的员工，多用于自嘲。

“可能吧，我不玩游戏，不太能体会得到，我就觉得那东西挺无聊的，是个害人的东西。”妈妈回答道。

“再无聊也比每天去学校费尽力气考高分，结果最后活得像你们这样悲催来得好。”小夏似乎不认为妈妈有权利评价他对游戏的喜好。显然在这个家庭中，父母在儿子面前已经没什么权威和正面榜样作用可言了。在小夏眼中，父母似乎就是两个读了万卷书，结果连自己基本生活都过不好的人。抱着这样的想法，他当然不会认同父母对学习的推崇。

我决定改变策略，先不去谈厌学和游戏这两个“症状”，而是开始询问妈妈当时和小夏的爸爸相识、结婚的过程，请妈妈尝试多在儿子面前就事论事地讲述爸爸的优点，以及她自身在职业和人际交往等方面的能力与成就。因为对于根本没体会过生活艰辛的小夏来说，让他重新感到学习这件事有价值的方法，也许就是培养他对父母这两个高学历人才职业和生活成就的认同感，就像那些崇拜某位体育或娱乐明星的年轻人一样，他们在这些明星身上找到自己认同的部分，可能自然就更容易被这些明星的言行所感染。

这种关注父母资源，培养小夏对父母认同的谈话持续了好几次，爸爸也曾参与其中。最开始父母两人见面时也觉得尴尬，不知道该从何谈起。我跟他们说：“请你们二位来这里的目的不是要谈你们已经结束的婚姻，因为你们已经离婚了，已经不需要再为彼此的情绪负责了。但你们还是孩子的父母，在帮助他成长，找到学习的意义上面，可能还是需要请你们想想该怎么合作。”

父母二人都点头表示同意。在之后的咨询中，我们讨论了妈妈曾经对爸爸的欣赏和认可，她说虽然离了婚，但她认为爸爸还是一个分析问题、解决问题和逻辑思维能力非常强的人。而爸爸则认为，两人离婚更多是因为彼此对婚姻期待不同所造成的，前妻需要的是一段充满温情和心灵呼应的婚姻，而他自己又是个不懂浪漫温情的“直男”，所以离婚谈不上谁对谁错。但不管怎样，他现在觉得小夏的妈妈是一个有人生追求的、聪明独立的女性。

有意思的是，在上面整个咨询的过程中，小夏主动要求全程出席。我猜他心中可能一直保留着一份对父母关系的牵挂吧。虽然他们已经离婚，可以不用在乎和照顾彼此的情绪，但小夏还是希望他们能好聚好散，各自安好，毕竟天底下绝大部分孩子都希望自己的父母能过得幸福，即使他们不能白头到老。

更有意思的是，当父母两人通过咨询渐渐达成和解，并且表达了对彼此越来越多的欣赏和感谢后，小夏的情绪开始改善了。他在咨询中的话越来越多，也开始愿意跟我谈他的同学和爱好，当然也包括游戏。我发现，小夏其实并不像之前妈妈担心的那样，完全沉迷于游戏，对现实没有一点憧憬。只是过去，整日面对父母不幸的婚姻和沉闷的家庭氛围，同时还要应对繁重的学业，让这个男孩心中对生活期待的火花暂时被掩盖了。

而现在，父母和解了。虽然爸爸搬出去住了，但也会定期来看望小夏。而父母看待彼此的心态也发生了变化。现在的他们不爱对方，也不恨对方，只是将对方当作曾经陪伴自己走过一段人生旅程的同路人看待，各自都在心中找到一个位置容纳与对方的那段生活记忆。想到这段记忆时，虽然有遗憾，但已没有了当年的怨恨。

当笼罩小夏内心火光的这片家庭关系迷雾消散后，这个男孩重新找回了属于自己的动力。他开始在家中补课，然后参加了期末考试，虽然成绩不理想，但也决定新学期要回学校继续学业了。在一次咨询中，我问小夏最近感觉自己的心情怎样，他说："觉得好像有什么担子卸下来了，但我也说不清是什么。反正看着我父母轻松了，看着他们生活有意思了，我好像也觉得上学就上吧，反正也少不了一块肉。"

但是，小夏在新学期伊始，重返学校之际也遇到了返校屏障的问题。由于他整个学期断断续续缺课，所以在刚回到学校那几天受到了老师和同学的特别关注，老师生怕小夏再有什么"反复"，所以每天早、中、晚都会定期询问小夏的情况，这让小夏感到有点烦。

后来睿智的妈妈邀请小夏的班主任老师、学校心理老师、爸爸和小夏一起来我的诊室进行了一次"医、校、家"多方沟通。

其间在征得父母和小夏本人同意的情况下，我与学校老师分享了我对小夏情况的评估和看法：“他曾经迷茫过，在某一段时间他的情绪表现达到了抑郁发作的诊断标准，但现在他已经恢复了，建议还是让他正常返校，别把他当病人看。”我建议学校老师只要不近不远地对小夏保持关注就可以了，不必每天早、中、晚定点“查岗”。如果小夏有什么需要，他们只要提供力所能及的帮助即可。

后来，小夏和我还用了几次咨询的时间讨论如何应对同学们好奇的询问。他抱怨：“因为总有同学问我上个学期去哪里了，问我去见心理医生感觉怎么样，我觉得特烦。”为了解决小夏的返校屏障困扰，我和他假设了在各种被同学询问极端问题的情况下，他可以采取的应对策略，包括：转移话题、谈游戏、礼貌地模棱两可作答等。

在讨论的过程中，我发觉小夏很好地继承了爸爸逻辑思维清晰的特点，也很完美地遗传了妈妈在人际交往中温情的一面。许多时候他的回答让我感到意外和欣喜，比如有一次他跟我说：“我发现让一个人停止问问题最好的方法，就是反问对方一个他感兴趣却又不那么容易回答出来的问题。所以我现在都会先去了解一下那些爱问我情况的同学，他们在意什么。然后如果哪天他们缠着我问，我也会反问他们比较在意的一些问题，这样他们就不会继续盘问我了。”

这个男孩的聪明，让我印象深刻。我猜测过不了多久，挡在他重新融入学校环境路上的返校屏障这只“拦路虎”也会退去。当然，作为心理医生，我对小夏的态度与我给学校老师的建议一样：我会一直待在这里，如果这个男孩以后有任何烦恼想要找我谈，我随时都欢迎他。

第七章　多样的精神医学议题

精神障碍其实离我们不远

我们常有一种误解，那就是认为厌学的孩子是好吃懒做，意志不坚定，甚至有的大人看到孩子情绪低落时，会认为他们是在无病呻吟。不可否认，有一些学生在面对学业压力时，会无意识地采取“生病”的方式回避学业压力与家长的追问。但是，在我们日常的心理咨询工作中，确实发现部分厌学的孩子罹患了精神障碍（Mental health disorder）。

精神障碍其实离我们并不远。根据WHO大数据调查结果显示，全球目前有3.5亿抑郁症患者，全球抑郁症发病率约11%，每年因抑郁自杀的人数高达100万，而儿童或青少年抑郁症的患病风险高达23.9%。换言之，每100个儿童或青少年中，就可能有23.9个存在患上抑郁症的风险。再加上其他目前高发的精神障碍，比如双相情感障碍、精神分裂症、焦虑障碍等，可以说学龄期的儿童和青少年是精神障碍高风险人群。

我们发现在厌学孩子罹患的精神障碍中，最常见的包括抑郁症、双相情感障碍和神经症。这些精神障碍的发生多少都有一些生物学遗传因素的贡献，比如脑内五羟色胺（5-HT）神经递质的减少，父辈、祖辈中曾有人患精神障碍等。加上一些孩子成长在人际冲突横行的家庭，同时还要应对繁重的学业，如果再缺乏支持性的学校同伴关系，那么自然便会成为精神障碍的高发人群。

一些孩子患抑郁症后，整天大部分时间情绪低落，极少体验到愉悦感，以前感兴趣的事情都不想再做了。他们会感到思维能力、注意力和精力都大不如以前，同时有深深的自责，认为自己目前的状态不但不能学习，而且连累了父母和家人。他们对未来悲观绝望，感到未来就是一片虚幻，毫无希望。他们努力地想挣脱目前的困境，但同时又感到不管做什么都是无用的。这种情绪、思维能力和精力“三低”是抑郁障碍的典型病症。

而此时许多家长可能会对孩子的这些情绪问题产生误解，认为他们是装出来的抑郁，认为这是某些孩子意志不够坚定的表现。他们会试图给孩子讲一些大道理或是灌输心灵鸡汤，希望拯救孩子的心灵。殊不知，抑郁带给患者的是一种从头到脚的绝望感，每天醒来后看到的所有一切都是灰暗的，丧失了任何体会快乐和成就感的能力，有时甚至认为与其如此痛苦地活着，结束自己的生命才是最好的解脱。这种绝望感，是没有经历过此种病痛的人极难理解的，也绝对不是通过几句简单的道理就能改变的。道理讲得多了，反而会招来孩子的抵触和反感："我的父母就是站着说话不嫌腰疼，他们根本体会不到我的痛苦，那些道理谁不会讲呢？"

如果要帮助被抑郁症困扰的孩子，最好的方法应该是：先耐心陪在他们身旁，倾听和理解他们究竟有多痛苦，让他们感到自己被无条件接纳和关注。而后再去给他们讲道理，帮助他们想对策。换言之，面对患抑郁症的孩子时，我们应该先跟他们说的是"你一定很难受吧。如果你愿意，就跟我说说你的想法吧，我会耐心听你讲"，而非"这没什么了不起的，打起精神来，生活还是很美好的……"云云。

有的孩子会呈现出另外一种情况，他们有一段时间情绪低落，无精打采，万念俱灰。这种情况持续一段时间（一般至少2周时间）后，他们会变得莫名兴奋，情绪高涨，自我感觉良好，说话滔滔不绝。认为自己特别了不起，非常聪明，有能力做许多事。他们可能会同时开启许多计划，精力旺盛，甚至晚上可以整夜不睡觉。但大多数计划都是虎头蛇尾，雷声大雨点小，无法最终完成。有的孩子表现为烦躁，易怒，见谁怼谁，不论看什么人什么事都不顺眼，在学校极其容易和老师、同学发生冲突，但却从不认为是自己的错。这种情况我们称为躁狂发作，而这种忽而抑郁忽而躁狂的情况，在精神医学上被称为双相情感障碍，也就是俗话说的“躁郁症”，它也是在青少年人群中发病率最高的精神障碍之一。

抑郁症和双相情感障碍大部分都有一定的生物遗传学基础。所以一旦发现，及早就医，及时进行规范的精神科治疗（包括药物治疗、心理治疗及相关辅助治疗）才是王道。因为青少年的脑部还处在发育阶段，如果出现问题，我们必须及时发现并纠正它，不然疾病可能会从根儿上破坏孩子脑部发育的基础。就像一台正在组装的精密仪器，如果在组装阶段原材料和零部件质量就出现了问题，那我们要将它最终变为一台合格产品的难度可想而知。

然而，在临床上，我们会见到大量的家长觉得孩子被贴上“精神病”的标签是一件很羞耻的事，讳疾忌医，导致患者病情一再延误，最后到了必须住院治疗的地步，甚至达到重性精神病性障碍的程度，这实在是一件很可悲的事。

其实绝大部分人一生中都有某些时候曾经受到抑郁、焦虑等情绪的困扰，所以这并不是一件丢脸的事。各个行业的一些顶尖专家和精英中，就有一些轻度躁狂患者，他们在躁狂发作时往往工作效率很高，非常高产，如海明威、安徒生、巴尔扎克、马克·吐温等。此时，所谓精神症状反而成为他们创作和工作高效率的源泉。

因此，正视厌学孩子所面临的精神医学议题，是我们绕不开也是必须做的一件事。所谓的逃避与否认，或是过度的病耻感其实都没有用。如果精神障碍这只“拦路虎”出现了，及早带孩子去正规的精神医疗机构就诊，让专业的医生帮助我们正确应对它，才是该做的事。

案例：被躁郁症纠缠的倔强女孩

凄风，这是坐在我面前的一个14岁女孩给自己起的代号。女孩精神萎靡，空洞的双眼中透着一股万念俱灰的凄凉，好像对世间的任何事物都不抱有念想。

我问她为什么这样称呼自己，她拒绝回答。我只得问和女孩一同前来的父母，发生了什么让他们带着女儿来找我。

“她从4个月前开始突然就不想去学校了。”妈妈满脸焦虑地回答。

一般当听到“突然”一词时医生都会特别敏感，因为这通常提示在问题出现的当时，可能有某些特别的生活事件、打击或是医学情况发生。我请父母详细说说4个月前他们的家庭、女孩的生活与学习是否有特别的事情发生。

“好像也没有特别明显的大事情，那个时候她上初二，学习压力比之前大了。然后我们发现她的情绪好像变得不稳定。”依然是妈妈在回答。

“怎么个不稳定法？”

“就是感觉有段时间她好像话特别少，整天把自己锁在房间里，唉声叹气，说自己没用，没力气学习，还说自己变笨了，不敢去学校，有时还会说自己不想活了。过了几周吧，又变得很爱发脾气，话很多，一到学校就和老师吵架，经常怼他们班的班主任和一个任课老师。后来她就说不去学校了，说不想见到那个老师。”妈妈回答。

“她情绪变化的时候，有什么诱因或者特别的事发生吗？”

“好像没有，就感觉莫名其妙的。”爸爸补充道。

凄风这种情绪时高时低的表现，像极了双相情感障碍的症状特征。我问她：“父母说的你同意吗？你想做点补充吗？”

“差不多吧。我其实也很着急，我很想回去上学，但心里又觉得很烦、很绝望。”

我问：“你是说很矛盾？一方面理智上觉得该回去上学，一方面又觉得自己没有能力做好，没有希望？”

“是的，我觉得我这辈子已经完了，根本看不到希望。”凄风用异常低沉的语气回答。

凄风当下的情绪状态是典型的抑郁发作的表现。而她之前阶段性发作的，超出正常范围的易怒、话多和兴奋，极有可能是躁狂发作的表现，她很有可能患上了双相情感障碍。

我跟凄风的父母反馈了我的评估，建议她服用心境稳定剂（精神科一种调节和稳定患者情绪的药物），帮助她抵抗抑郁和躁狂症状发作，稳定情绪。但父母的回答是："不可能，她不是精神病，她只是学习压力大吧？可以不吃药吗？就靠心理疏导。"

我知道"双相情感障碍"这个诊断会给父母带来强烈的病耻感和灾难感，他们无法接受"我的女儿患上了精神科疾病"这一说法。我尝试跟他们耐心解释，但他们依然不同意女儿服药。所以，我也只能暂时和他们达成协议：先尝试心理疏导，如果凄风抑郁或躁狂的症状加重，那就需要采取必要的医学药物治疗了。

在接下来的两个月中，凄风都处于一种情绪低落的状态。当她决定不去上学后，妈妈几乎整日在家中陪她，照料她的起居和饮食。而凄风的心境低落和厌学情绪在这段时间不但没有好转，反而加重了。这让我开始怀疑，父母目前和女儿的相处方式是否是她的抑郁无法缓解的另一个因素。大多情况下，虽然家庭环境不一定是导致孩子心理问题的直接原因，但如果孩子的情绪问题在这个家庭中长期不愈甚至加重，那这个家庭中的成员对待孩子的方式，一定在问题的恶化中产生了不可忽视的影响。许多时候问题本身不是唯一的问题，家庭采取的处理问题的方式才会加重问题，甚至成为一个新的问题。

因此我问父母："每次看到她烦躁或者低落的时候，你们会是什么反应呢？"

凄风突然站起来手指妈妈，用几近声嘶力竭的音调吼道："她在家就知道骂我，说我不去上学毁了她的人生，说她都快被我逼疯了。她在你这里装得自己很可怜，轻声细语的。其实在家里她就是个疯子，每天都对我大吼大叫。她每次吼我，我都好绝望，我觉得我就该去死。但我又气得要死，不甘心，为什么她就不能理解我一下呢？"

我试着礼貌地打断她："虽然我不知道具体发生了什么，但我知道你很生气。不过，能请你先试着冷静一下吗？我们慢慢把事情说清楚。"

"你说什么？！"凄风就像一头愤怒的狮子一样，用对待她父母同样的语气向我怒吼，"你还好意思说，你每次门诊都只和我们谈20分钟，你知道这么短的时间根本没用的，不是吗？每次我来看病，还要排队等待叫号，你们医院为什么要让我等那么长时间？！"

"其实我们都很想帮你的，你如果不想妈妈大声对你说话，我们让她以后不跟你说话就行了……"爸爸试着安慰凄风。

凄风带着哭腔向爸爸怒吼："闭上你的狗嘴！难道你们就这样不管我了吗？就放弃对我的希望了吗？你们如果都不管我了，谁来帮我？我真的很需要帮助，我该怎么办？"

“我知道你很着急，我也很想帮你。但实在抱歉，我确实没办法一下告诉你该怎么办。不过我很愿意和你们一起讨论，帮你们去想办法，必要的时候我也会给一些我的建议。你觉得可以吗？”我也小心地回应。

“那有什么用？你们给的建议根本没用！”凄风继续吼叫。

“如果你觉得我们给的建议没用，没关系，我也可以推荐你去找比我更有经验的医生，也许他们可以帮到你。不过这并不妨碍你来见我。如果中间你还想来见我，可以随时过来。”我回应道。

“所以说了半天，你还是不想帮我，想放弃我，你不帮我谁帮我！？”凄风再次暴怒。

凄风此刻的暴怒情绪，已经无法用常规心理咨询的共情和安慰去安抚了。而她的父母此时就像被班主任训斥的小学生一样，大气都不敢出一下。我问他们凄风最近是否经常像这样突然发火，妈妈回答：“最近一周就是这样，总乱发脾气，而且话有点多。”

妈妈的话印证了我的假设，凄风现在由抑郁变成了躁狂。而妈妈面对女儿时所采取的责备的回应方式，就像在用剑挑衅一头愤怒的狮子一样，又进一步加重了女儿的躁狂症状。我能感觉到这位妈妈当下正在饱受焦虑、无助和绝望的折磨，而她的老公则默默坐在一旁，看上去像个局外人一样，完全感觉不到他和妻子之间的连接和彼此支持。我不禁问妈妈："我猜你每次那样对女儿说话时心里都很焦虑吧？你会跟你的老公说吗？"

"跟他说根本没用的，他要么回来很晚，要么就躲在屋子里看手机。我跟他说管管女儿，他也没反应。"妈妈控诉自己的丈夫。

"医生，你说我该怎么办？每次她们母女俩吵完架，都来找我说，我要安慰小的，还得安慰大的。很多时候我老婆的情绪也很过激，我自己工作也很忙，我自己一肚子的郁闷都没人说，我还能怎么样？"爸爸反击道。

一个暴怒的女儿，一对情绪上纠缠、冲突的母女，一个疏离的丈夫和爸爸，这便是这个家庭的现状。每一个人都觉得很孤独无助，都觉得自己很委屈，却又得不到家人的支持，各自也不愿意给予彼此理解。而由此产生的焦虑和愤怒又在进一步破坏家人之间的信任，整个家庭就这样陷入了恶性循环。在这个家庭里，除了凄风需要帮助，妈妈和爸爸同样需要支持。

我再次提出了让凄风服药的建议，并且这一次我更加坚定，因为一个青少年在明显躁狂情绪的影响下，他的理智是很难工作的。即便我们此刻说的话再有道理，他也很难吸收和理解。

我跟父母说："诊断只是当医生看到某些人出现符合诊断标准的情绪表现时给他们贴的一个标签。药物也只是一个辅助和外挂，借助它们帮助你们女儿渡过目前的难关。待以后凄风情绪稳定了，疗程够了再慢慢把它停掉。你们认为可以接受吗？”

这一次，也许是意识到女儿的情绪实在不可控，父母接受了我的提议。而凄风，或许是因为她也对自己的烦躁所带来的麻烦感到束手无策，所以也勉强接受了药物治疗的方案。之后，我给凄风开具了心境稳定剂，同时也给妈妈开具了一些抗焦虑的药物。

经过约一个半月的急性期治疗后，女孩的躁狂得到了控制，她的暴怒情况明显减少，在咨询中渐渐可以和我们就事论事地讨论问题了。而妈妈在服用一段时间的抗焦虑药物后，睡眠得到改善，在面对女儿时情绪也较之前稳定了。当情绪的狮子被驯化后，一家人终于可以坐下来，真正在理智层面谈谈他们对彼此的不满和期待了。

之后的咨询，我几乎都在和这个家庭做同一件事：帮助他们每个人去澄清和直接表达自己的感受、情绪和对彼此的需要。记得在某次咨询中，当妈妈又开始讲道理时，凄风又生气了。不同的是，这一次凄风接受了我的提醒，控制住了自己的愤怒。

我跟她说：“我观察到，好像每一次当你正在说自己的烦恼，父母没有听完就急着要跟你讲道理时，你就会很生气。你能告诉他们为什么你会这样吗？”

“因为我跟他们说的时候，其实只是想要他们理解我，耐心听我讲完，我其实不需要他们讲道理，道理我都懂。”凄风回答。

“那你愿不愿意更详细地告诉妈妈，下一次她怎么回应会让你觉得被理解和支持？”我邀请凄风继续把自己的需要跟妈妈讲清楚。

凄风看着妈妈，流着眼泪说：“其实我每次抱怨时，最想听你说的是‘别怕，不管发生什么，我们都会护着你’。只要你愿意耐心听完我的话，我就觉得很温暖了。”

妈妈也哭了，这可能是她第一次听到女儿用如此温柔、坦诚的方式说出自己的需要，她点点头：“好，我答应你，虽然我可能没法一下完全做到，但我答应你，我会努力去做的。”母女之间的和解，从这一刻开始了。

家庭中的三个人是一个整体，要让妈妈能够有更多的温柔和耐心给予女儿，也需要她能够在婚姻生活中得到丈夫足够的支持。后续我花了大量精力去和父母讨论，他们在应对凄风的困难时如何更好地表达自己的需要，给彼此欣赏、鼓励以及情感和生活上的支持。

在整个谈话过程中，妈妈曾经多次想向丈夫发怒，而我则反复邀请她慢一些，想一想自己的愤怒背后真正想向丈夫表达的期望是什么。经过这样反复多次的尝试后，有一次妈妈说：“我发现我每次发怒的时候，其实心里面最想告诉他的是，我很害怕他对我的状态视而不见，忽视我。我其实真正想告诉他的是‘请陪在我身边，安慰我，听我把话说完’，其实我不怕你反驳我，我最怕的是你不理我。”

而爸爸这边，我会坚持去邀请他尽量给妻子一些回应。因为不管这个回应到不到位，只要他回应了，就比之前一味地回避冲突来得好。同时我也在挑战妈妈：“你知道吗？许多时候，要让你的丈夫愿意听你说和回答你，你可能也需要给他适当的表扬并温柔地对待他。”

这个夫妻沟通方式磨合的过程漫长而充满可能性。后来，随着家人给予彼此更多的理解，而非批评和指责，凄风的情绪也越来越稳定，她休学一年后重新回到了学校。

在我们最后一次咨询快要结束时，女孩悄悄地对我说：“刘医生，你之前问过我为什么管自己叫凄风。当时我没有回答，因为那时我并不信任你，也没有心情回答。但现在我可以告诉你了。”

她的话勾起了我的好奇：“好啊，说给我听，我很想知道。”

“那时的我，觉得自己的痛苦没人理解，需要也没人愿意去满足。我觉得自己就像天边的风一样，表面看上去很自在，其实心里却是满满的孤独和凄凉，所以我管自己叫‘凄风’。”

“那现在你感觉有什么不一样吗？”我微笑着问她。

“现在不一样了，我觉得世界上还是有人愿意理解我、在乎我的，不仅仅是我的父母，还有你。所以我觉得，我以后可以给自己换一个代号了。”女孩脸上带着满足的微笑。

我好奇地问：“会是什么代号呢？”

“这个嘛，先当作一个我自己的秘密吧。”女孩调皮地吐吐舌头。

我知趣地点点头，没有再追问。因为我知道，代号本身是什么并不重要，只要它能够让女孩感到自己是那个值得被关注、被接纳，并且不再孤独的女孩就行了。

第三部分　如何与孩子一同应对厌学

在此部分，我们会探讨家庭及父母可以从哪些角度帮助孩子应对厌学。在这里我想再次强调：厌学是孩子所处的社会、学校及家庭系统出现问题的一个外在表现和缩影，是一个系统性的问题。所以，要处理厌学问题，我们需要从学校、家庭和孩子个人多个层面同时做工作，而不应该只想着如何“修好”孩子。

第八章　把父母的婚姻问题“圈养”起来

把夫妻的问题放在夫妻之间去解决

前面已经提到，父母之间未解决的婚姻冲突常会给孩子带来严重的精神负担，阻碍其安心上学。反过来讲，如果父母能为孩子提供一个相对稳定的家庭环境，或者即使有的夫妻冲突无法达成一致，但至少能把矛盾局限在夫妻之间去讨论，不让夫妻之间的战火烧到孩子，达成双方都情愿接受的折中与妥协的话，那对孩子来说无疑也是一件幸事。那么，父母该如何把冲突“圈养”在两人之间呢？以下方法可供参考。

1．直面和倾听伴侣情绪背后的需要

不少夫妻可能有过这样的体验：当与对方沟通时，不知为何就是无法控制自己的怒火。虽然理智上知道不该如此，但自己仿佛炸药一样，一点就着。其实，愤怒之下隐藏的往往是我们内心

深处一直渴望被对方听到、回应到的那份期待。如果愤怒是炸药的外壳，那么包裹在其中的便是未被看到的渴望，而被忽视和误解，便是炸药的引线，而点燃引线最好的方法，就是忽视和蔑视对方的渴望。

反过来，终止战火最好的方法之一，便是耐心地去倾听对方的渴望。只有渴望被听到和看到，愤怒才不用登场，为渴望发声。请注意，倾听不代表左耳进右耳出，而是你在倾听时要有足够的专注，给予对方已经接收到其所说信息的眼神与表情回应，比如适当的点头和总结等。如果每次你听对方说话时，只是看上去在听，但基本不看对方，随口应付两句，那只会让对方更气愤。所以，当你看到对方愤怒时，不妨让自己先耐下心来听一听，他到底想告诉你什么。

2. 了解自己的需要，让自己为它代言

如上所说，许多时候愤怒是我们内心渴望的“代言人”，但用愤怒来表达需要显然是无效的。所以，当你愤怒时不妨问问自己：我此刻到底因何事而生气？我的怒火背后，到底想告诉对方什么？然后，接下来要做的事情是让我们自己“为渴望代言”，直接告诉对方自己的需要。这里有一个小技巧：在表达时以“我”开头，尽量直接地说出自己的期待，避免变相地指责、嘲讽和挖苦。因为许多时候，你说话的态度比你说话的内容本身

更重要。总之，请清晰地说出你对对方的期待，别让愤怒抢走了你的期待的发言权。

3. 反思和整理自己的情绪

要看到和承认自己的需要，并接纳它，绝不是一件容易的事。因为，我们大部分人在成长过程中，都曾体验过被身边珍视的他人（大部分情况下是我们的父母和伴侣）忽视或残忍拒绝的感觉。这种体验多了，我们会变得小心翼翼，不敢表达。但不表达，那份渴望也不会凭空消失，日积月累后，许多人会选择用指责和嘲讽去表达，逼对方回应我们。记得一位妻子曾在咨询室里说："我小时候每次提出自己的要求，就会被我父母责打，我后来就不再提了，因为这意味着危险。但我知道自己心里那份渴望却一直都在，我渴望身边的人能体会到我的辛苦，看到我的孤独。而每次我老公不回应我时，我就会很愤怒。现在我知道，我的愤怒背后是渴望。"所以，要对自己的情绪负责，对自己一些莫名情绪的管理必不可少。至于如何管理，我们会在下一章详细讲解。

4. 管理好自己的情绪，别让冲突"越界"

父母或许不知道，现在的孩子之间有一个热议话题："如何调教父母"。而这些让孩子们不得不去考虑该如何"调教"的父母中，绝大部分都欠缺对自己情绪的管理能力。一个17岁的男孩曾说："每次我爸妈吵完架，他们就各自去喝酒，然后分别打电话给我。我爸会在电话里发酒疯，借故唠叨我三四个小时。我妈会哭哭啼啼半天。我从初中就开始读各种心理学方面的书，用学到的知识去安慰他们。我反倒成了他们的父母，来'调教'他们。"这个男孩因抑郁和厌学来就诊，在他看来，生活中需要自己承担的事情太多，除了繁重的学业，还有一对让他无法放下，需要他不断去安慰和"调教"的父母。

所以，请管理好自己的情绪，别把自己变成需要被你的孩子"调教"的父母。父母之间的问题，就在父母之间解决，别让婚姻冲突带来的情绪蔓延到孩子那里。双方能谈到一起也好，谈不到一起也好，都不应该让孩子代替他们去处理。

5. 有的冲突如果难以解决，好聚好散也是一种选择

最后，如果你把上面该做的努力都做了，但依然发现和自己的伴侣三观不合，就是相处不到一起去，好聚好散也不失为一个选择。毕竟已尽人事，若是分开了，就算分开多年以后对方依然怪我，但我也问心无愧。记得一位因为孩子厌学来就诊，之后在直面夫妻冲突后选择离婚的妈妈曾说："离婚3年了，孩子他爸每次见到我还是攻击我，认为他现在过得不好都是我的责任。以前我会内疚，但后来我该帮他的都帮了，尽人事了。现在我看到他已无所谓了，就像个路人。现在我的生活很轻松，孩子也慢慢接

受了我们分开的事实，她基本也能安心地上学了。”

父母需要考虑如何避免在离婚后把已完结婚姻中未解决的仇恨继续发泄在孩子身上，这个时候最不该做的事情就是继续在孩子面前抱怨和攻击对方。同时，拥有抚养权的一方也不要限制孩子和另一方亲生父/母的正常接触。父母更不能咬牙切齿，不依不饶地去抢夺孩子，逼迫孩子只能对一方忠诚。一句话：离婚了，虽然你们已不是夫妻，不用为彼此的情绪和生活负责，但你们仍然是孩子的父母，仍然需要考虑将来如何以一种新的身份去协作性地管教孩子。如果你实在没办法处理自己从已结束婚姻中带来的负面情绪，试着向你的闺密、好友或是心理专业人员寻求帮助，尽量不要让孩子成为你的“心理医生”。

孩子被卷入父母的婚姻冲突中，该如何是好

另外，有的孩子可能会问：“我有权选择我的朋友，但我无权选择我的亲人。如果不小心我身处父母婚姻冲突的旋涡中，他们又不愿意按照你上面说的去面对和处理他们的问题，我该怎么办呢？”这时，记住一个原则最重要：让自己努力保持稳定和中立，站在“旁观者”的位置去对待父母的情绪和婚姻冲突（Robert Gilbert，2014）。

此时，我们才可以清楚地看到父母之间究竟发生了什么，我们又受到了怎样的影响，我们的情绪才更容易稳定。如果你想体验一下站在“旁观者”位置上的感觉，与身处冲突中有什么不同，你可以做一个小实验：把你和别人争吵的过程录下来，事后重看一遍，你可能会发现，当你在“第三视角”看待整个过程时，你的情绪会相对稳定一些，看法也会不一样。当然，父母是我们在这个世界上最在意的两个人，要对他们的情绪完全置之不理绝不是一件容易的事。但是，作为子女的我们仍然需要不断练习，只有这样才能帮到我们自己。请注意，我说的旁观不是“冷眼旁观”，而是试着采取以下具体行动。

1．和冲突中的双方都保持适当的接触

孩子可以中立地和父母双方保持一种适当的接触。何谓“适当”呢？没有通用标准，但大体来说是：你觉得自己在父母的冲突中，你能为他们做的都已经做了。当你想到他们的冲突，想到自己为之投入的精力时，觉得身体的感觉还好，也许有一些不舒服，但情绪总体还算稳定，没有感到自己损耗了过度的精气神。那就是一个所谓“适当”的度。

具体操作上，你如果有精力，可以在父母抱怨时分别给予他们一定的陪伴和倾听，比如每次15分钟左右。注意在倾听时少做是非对错评价，看着他们，多点头。如果你一定要向父母表达一些自己的观点，记得先肯定他们各自的努力后，再提出建议。至于建议提出后，他们是否采纳，那就不是你该为他们担心的事了。在倾听和提出建议时，记得让自己保持旁观者的位置，情绪稳定。因为我们的观点在我们保持不带敌意的情况下，才是最有影响力的。

2. 帮助双方和你一样地思考和谈话，就事论事

在倾听和适当接触的同时，你如有更多的时间，可以尝试提问父母，帮助他们思考问题到底是怎么发生的，就事论事。比如可以说："你们慢点说，把整个事件重新回顾一遍，到底是什么情况？"或是："当时爸爸那样说的时候，你是什么反应？看到你的反应后，爸爸又是怎么做的呢？"或是："妈妈，你现在说得挺好、挺清楚的呀。刚才发生了什么，让你看上去那么激动呢？"在提问前，记得先肯定父母各自为这个家庭付出的努力，这能够让他们感觉自己有能力更好地处理婚姻冲突。

有的朋友看到此处可能会说，这有点像心理咨询师和来访者的谈话嘛。不错，这的确是专业咨询师最常用的工作方式，也是在实践中经过尝试，发现孩子在面对父母的冲突时比较有效的处理方法。就像一个来我这里咨询的15岁女孩曾说过："我后来跟你（心理医生）学了一招，就是当看到我妈妈情绪激动时，就跟她说：'嗯，你看上去真的挺生气的，因为我爸做的事。'我发现，这样说以后，我妈反而平静了。然后我会和她讨论，她和我爸的这一架是怎么吵起来的，双方各自在里面有什么责任。”当女儿这么说时，妈妈在一旁有些脸红：“真是不好意思，但女儿现在确实是我们家最冷静的人。那种感觉不好说，感觉她既在那里，没有不管我们，也没有跳进来，若远若近的。”爸爸则说：“现在每次我和老婆吵架，一想到女儿那镇定的表情，心里好像也更安定了。”听到父母的反馈，女儿俏皮地吐了吐舌头说：“所以，我该像刘医生一样跟你们俩收费吗？”“哈哈哈……”一家三口一笑泯恩仇。

有的朋友可能会问：上述方法对所有年龄阶段的孩子都适用吗？一般来说，在年龄较小（≤14岁）的孩子身上，可能这不切实际，因为他们的心智化成熟度和表达能力并没发育到这样的高度。所以对于年龄较小的孩子，还是希望父母能够学会直面自己的婚姻矛盾。父母婚姻冲突与孩子彼此纠缠情况的出现，本就不是单方面的过错，因为世间万物皆循环相生。如果没有那么多需要孩子“调教”和安慰的父母，也许也不会有那么多被训练成“父母的心理医生”的孩子；反过来，如果孩子选择为父母的问题负责少一些，也许父母能有更多的机会直面他们的冲突吧。愿天下少一些回避冲突的父母，多一些能自由成长和远行的孩子。

案例：监督爸爸去爱妈妈的女孩

心怡在不久前刚拿到自己报考的大学的录取通知书。也正是在大学快要开学前，这个女孩突然跟父母说她不想去读大学了。父母百思不得其解，故而带她来见我。

第一次见心怡和她的父母时，这个17岁的女孩紧紧地挨着妈妈坐着，仿佛姐妹，而爸爸则远远地坐在咨询室的另一张单人沙发上，看上去似乎不是这个家里的人。

家庭所呈现的这幅关系图勾起了我本能的好奇，差点忘了他们是因为心怡不上学来找我的。我问："在家里你们也是这样吗？看上去妈妈和心怡很近，爸爸隔得有些远。"

一家三口对我的提问看上去有些意外，好像从来没有想过这个问题。"呃，应该是吧，反正在家里她们母女俩经常咬耳朵。"爸爸有些尴尬地回答。

"那你呢？你和她们二位的关系如何？"我问。

"平时我和女儿偶尔说说话，大多是关于她学习的事。和我太太还可以，关系还不错。"爸爸的话中带着犹豫和停顿，这让我对他说的话不禁产生了怀疑。

"爸爸的话你们同意吗？"我向坐在一起的母女求证。

"我和他的关系还可以，没什么大问题。我们这次主要是为了孩子不上学的事来的。"妈妈附和道。

“他们俩的事，就那样吧。我现在没心情上学。”心怡说。

女孩的话中透露着和父母所描述的内容不一样的信息，似乎父母的关系并不像所描述的那么好。我继续追问：“你的意思是说你父母的关系好像有的地方不是他们说的那样？”

心怡说：“其实他们俩的事也解决不了，现在算是维持现状和平相处吧。”

我问心怡父母：“我可以继续问她关于你们二位的事吗？”父母都微微点点头，表示同意。于是我接着问心怡：“能说得具体一些吗？他们两位之间是什么情况？”

“其实也没什么大事，但我就觉得我父母根本不是一路人，他们当初就不该结婚。在家里我爸做事总是不对我妈和我的路子，他做的很多事都很奇怪，总是会被我妈说，有时候我们甚至都懒得说他了。”

“等等，不对路子是什么意思？”我问。

“就是说，我觉得他根本就不明白我妈妈要什么。比如我妈妈每次说做家务累，他要么说花钱请个阿姨，要么就说让我妈点外卖，结果我妈妈就很生气。”

“这样做有什么问题吗？做得累，花钱让人帮我们做就行了呗，不对吗？”爸爸有点蒙地反驳。

“不是这样的！你怎么就不懂呢？我妈那样说的时候，是希望你能安慰她，多陪陪她，多体谅她的辛苦。而你就知道用钱解决问题，你这么多年真的在乎过她的感受？算了，我懒得跟你说了！”心怡大声冲着爸爸说话，满脸写着愤怒。而此时的妈妈，则带着一种似笑非笑的表情，安静地坐在一旁。

“很奇怪，听起来心怡说的事情里更应该生气的人是你，为什么看上去你的反应还好，她却比你还要生气呢？”我问妈妈。

“反正我看到他对我妈不好，我就特别生气。”心怡抢了妈妈的话。

我说：“我看出来了，你好像代替你妈妈在声讨你爸爸，谁能告诉我这种情况是怎么来的呢？”

“可能是因为女儿一直是我带得多吧。她爸爸平时工作忙，很少在家，所以我们俩平时说话比较多，她自然就护着我多一些。”妈妈似乎不太想说太多关于他们家庭关系的细节。于是我转向心怡，请她帮忙提供更多信息：“你愿意补充一下你妈妈刚才说的吗？你是怎么慢慢变成像刚才那样，总要护着妈妈的？”

“因为在我看来，妈妈一边工作，一边操持家里，很辛苦。我爸呢，就是个‘钢铁直男’。不管我妈妈跟他说什么，他要么不回答，要么就只会讲道理，要么就像刚才那样说用钱解决。我妈妈以前经常在我面前抱怨我爸，说我爸冷漠，不在乎她。我还常常听到她一个人在房间里面叹气。”

我问：“当你听到妈妈对爸爸的这些情绪，看到她的眼泪和苦闷时，你是什么感觉？”

“我就是又气又急啊。我气我爸爸没把我妈照顾好，既然你没法疼她爱她，当初就不要和她结婚嘛。他什么都想用钱解决。妈妈是个女人，是需要人疼需要人爱的，她需要的不是你的钱和你讲的那些大道理。”此刻的心怡不像个女儿，倒像妈妈的守护者，这些年来她时刻接收着妈妈因婚姻而流下的眼泪，痛着她的痛，体会着她那每一寸没有被自己丈夫看到的悲哀。

“那当你看到妈妈的眼泪时，会怎么回应她呢？”我追问。

“我会安慰她啊，我会给她讲些开心的事，陪她追剧、逛街什么的。”

“那你妈妈之后还会再去跟你爸爸说她想要什么吗？”

“不会的，因为说了他也不懂。就像以前借钱给亲戚或者投资，他也从来不会问我就自己做决定了。我问他为什么不征求我的意见，他只说因为钱少觉得没必要跟我讲。我觉得他根本不尊重、不在乎我。我跟女儿说说，她还能明白。我有时候想，以后就这样和女儿过一辈子也挺好的。以后她结婚了，我就搬去和她跟她老公一起住，然后请个保姆照顾她爸。”妈妈抢着回答。

“所以听起来，女儿陪你、安慰你越多，你便慢慢地只想跟她说，和你丈夫的沟通看上去就更少了。”我澄清道。

“就是这样的，刘医生。我现在觉得自己在家里就像个外人，我……”爸爸回应道。

“那是因为只有我可以保护我妈，我不放心把她交给你。反正如果你不能保证对我妈好，我是不会离开我妈的。”心怡反驳爸爸。

“我知道你对妈妈有多挂念。但我也在想，如果你不愿意松开保护妈妈的手，她又何时才有机会去和你爸爸直面他们俩之间的问题呢？”我试图挑战这个女儿对妈妈的“忠诚”。

此刻我必须这样做，因为这个家庭已经陷入了一种“所有人都会输”的三角关系中。父母多年的婚姻问题让二人形同陌路，而心怡则心甘情愿地留在妈妈身边，代替爸爸成为妈妈的情感伴侣。

心怡满以为这能让妈妈过得更开心，却未曾意识到妈妈的眼中若只有她这个女儿，便更难以装下自己的丈夫。因为一边是对自己任何感受都会细微体察的贴心“小棉袄”，另一边是不管自己怎么说都无法理解自己的丈夫，妈妈自然会选择和女儿待在一起。女儿看到妈妈如此需要自己，自然也很难拒绝。而母女这样几近血肉相连的共生，又让爸爸根本无法靠近自己的妻子一步。被排斥的挫败感只会让他离自己的妻子更远，而这样，夫妻之间的婚姻问题更无法被直面和解决。

这样恶性循环的家庭互动下，心怡的心思都在妈妈身上，哪里还有精力安心离家完成学业，去追逐属于自己的未来呢？这样的相处方式，没有赢家！

“这……”心怡似乎从未想过这个问题，她有些迷茫，“但我就是担心我妈。”

我开始挑战爸爸：“爸爸，你愿意尝试从女儿手里接过照顾和回应你妻子的责任吗？”

“我其实一直很想改善我和太太的关系，但是我不知道该怎么做，许多时候我真的不知道她想要什么。你不知道，在我们家，我和女儿都管我太太叫‘女大哥’，因为她经常莫名其妙就发脾气，我很害怕哪句话说得不对她又不高兴了。”爸爸回应道。

“很好，我喜欢你的直接。关于你们俩沟通的情况我们可以晚点再详细谈，因为一般夫妻关系出现状况，两个人可能都需要调整。”我一面回应爸爸，一面尝试不要让妈妈感到我偏袒她的丈夫，因为若要改善他们的夫妻关系，需要双方共同的努力。此时，也需要让妈妈感到我这个咨询师是中立的，也会考虑她的感受。我问妈妈：“你呢？你愿意让心怡先安静地待在一边，你直接和先生去面对你们之间的状况吗？”

“我明白你的意思，刚才听到她说的话，我也感觉好像这些年跟她吐槽得有些多了。但我不知道我和她爸能变成什么样。”妈妈有些犹豫。

“不管怎样，也要谢谢你的坦诚。”我回应她。这是一个不错的开始，虽然还不知道这对夫妻最终能将他们的关系改善到何种程度，但他们愿意把夫妻冲突局限在两人之间去处理的态度，对心怡来说就是解放的开始。

我问心怡："那你愿意接下来尝试把父母的关系交还给他们，让他们自己尝试去做调整吗？不管结果怎样。"

心怡看上去还是有些担心，但这次看到父母都表态了，她也就勉强点头同意了。

接下来的数次咨询是留给这对夫妻的婚姻治疗时间。和之前来我这里咨询的绝大部分夫妻一样，他们从各自的原生家庭都带来了一些本能的冲突解决模式，而这些习惯则在影响着他们的婚姻关系。

丈夫从小父亲早亡，他的母亲做小生意支撑家庭，生活的艰苦程度可想而知。这个男人从小便不得不面对残酷的生活，他告诉我："我很小就开始帮我妈妈进货，和各种客人讨价还价，和周围欺负我的小混混斗。从小我凡事只能靠自己，不能哭，也不能有情绪。还有，我妈妈是一个非常情绪化的人，可能是因为我父亲去世太早，她一个女人要独自承担整个家庭的重担，生活压力大。所以在我小时候的记忆里，她几乎每天都皱着眉头，也很容易发脾气。她每次发火，我就不说话了，因为越说她就会越生气，说我顶嘴不孝顺，对不起她。"

"那这样的经历对你后来和妻子的相处以及生活、工作有什么影响吗？"我问。

"我受够了我妈的情绪，以致后来我一看到女人闹情绪就怕，招架不住。每次看到她（妻子）闹脾气，我就本能地想逃。我觉得为什么人要有情绪呢？这东西是最没用的，别人不会因为你看上去很可怜就同情你，或者不欺负你。凡事只有靠自己去勇敢面对和处理，才是生活的王道。我当年也是一个人到上海，白手起家，全靠自己才有了现在的成绩。如果我是个感情用事的人，可能早就被淘汰了。”这个男人谈着小时候和一路走来的经历，眼眶有些湿润。他从很小的时候为了生存和保护自己，就把自己的脆弱和情感全部隐藏了起来，因为对曾经的那个他而言，情绪是没有用的拖累。但从他的眼泪里我却分明可以感觉到，他内心深处似乎也是一个渴望被保护和看到的小男孩。

“虽然我不是你，但听到这些我也觉得你真的挺不容易、挺不简单的。那现在和过去有什么不同呢？你还需要那么担心自己的生活吗？”我追问。

“现在自然比以前好多了，我们生存的问题其实已经解决了，钱也够用了。我妈现在年纪大了，脾气也比以前温和多了。”爸爸谈到自己目前的成就，还有母亲的改变时明显表现得比刚才轻松。这也正常，如果一个人的思绪常年处于时刻要拼搏和保护自己的“生存模式”下，是很难允许自己停下来和妻儿享受温馨的家庭生活，去体会家庭中流动的温情的，因为我们从小的生存方式会变成我们当下面对生活、挑战和他人时的自动反应习惯。而这位丈夫对生活和家人的自动反应模式便是：不谈情绪，只谈事情和理性，因为情绪是麻烦的，是没用的。而他的妻子，显然无法接受丈夫这样的态度。

为了让丈夫从那个情感封闭的“生存模式少年”的战斗状态里抽离出来，回到现在和家人的“现实生活模式”中去感知妻子的情绪需要，我需要帮助他找到更多对自己当下生活的稳定感。于是我问他：“能多说说你现在的生活和事业，比起过去困难的时候有哪些改变吗？”这样问的目的，是希望帮助丈夫找到更多属于他自身当下的优势，这些成就也许可以让他自己，也让他内心那个一直处于战备状态的小男孩感觉自己已经足够强大了，已经不必为了应对生活的艰辛而终日封闭情感了。

丈夫开始回忆自己这些年在职业和人脉上的成就，包括他如何从一个只有几个人的小公司发展成了目前有众多员工的大企业，也回忆了他曾经最看重的一位上级对他能力的赏识，等等。当然，其间我也曾邀请妻子和女儿表达对他的欣赏。妻子说，其实在她眼中丈夫一直是一个有责任感、干练、分析问题和处理能力极强的人，她说：“结婚以后我没有工作，家里的经济一直是他独立承担的。不管是我家的亲戚，还是他自家的人有任何困难，他都会不遗余力地帮他们，其实他真的是什么问题都能解决的人。”

而在女儿眼里，爸爸思维清晰，说话从来没有废话。“爸爸还特别帅。”心怡吐吐舌头有点调皮地说。能看出来，在女儿的心中父亲是一个不错的事业榜样。

有趣的是，当丈夫的资源越来越多地被关注和挖掘出来时，他开始一点点变得温柔了，开始愿意尝试去倾听和回应妻子的心事了。当然，其中也有好多次当他的妻子再次出现情绪时，他又想本能地往后退缩。此时我会鼓励他：“嘿，好像你心里对情绪的恐惧又来了。别急，就让它在那里吧，和它待一会儿，其实它没那么可怕。”

在我们的整个咨询临近结束前的某次会谈中，丈夫仔细听完妻子的一通抱怨后回应道：“虽然我不是你，但我想你一定很难受吧？”

妻子和女儿都瞪大了眼睛，仿佛坐在眼前的爸爸换了一个人。她们都没想到这个“钢铁直男”也会有这么柔情的一面，能产生这种接近心理咨询师专业级别的“共情”。

“你是从哪里学的？”心怡吃惊地问爸爸。

“从心理学书上，还有在我们的咨询里面学的。”这个男人有点不好意思地回答，那一刻，我感受到了他内心的柔软。

“但听上去还有点模仿和生硬，可以更浪漫点。”心怡开玩笑地调侃爸爸。

“你爸爸毕竟不是心理医生，不过只要你妈妈觉得舒服就行啦。”我打断心怡。

“我已经很意外了，这样就可以了，也不指望他变成暖男。”妈妈回答道。

“那你对你的太太有什么期待吗？”谈完了丈夫的沟通方式，接下来我们也该关注一下妻子的情绪表达方法了。

“有时候她说话太冲，有时候又喜欢生闷气，不知道她到底想要什么。”丈夫直接说。

“你是说你很想听她直接把自己的想法和需要说出来，对吗？”我澄清。

“对的，她生闷气的时候我是真不知道该怎么办。”

“你怎么看他刚才说的？你愿意直接告诉他你的需要吗？”我问妻子。

“其实许多时候我心里挺矛盾的。我想告诉他我想要什么，但又觉得这样不太好。而且我觉得有的话即使不说，他应该也能猜到。”妻子说。

“你说当想要说出自己的需要时，你心里会有犹豫？这个犹豫是从哪里来的呢？”我邀请她去做自我觉察。

“可能跟之前他基本上只会讲道理，不理解我有关吧。久了我就觉得说了也是自讨没趣。还有，我在自己家里也不太直接提要求。”妻子回答。

看来妻子不直接说出自己期待的习惯，除了跟丈夫不回应她的情绪有关以外，跟她原生家庭的成长体验也不无关系，于是我问：“你在自己家是什么样的情况呢？这和你父母有关吗？”

“我妈妈就是一个比较小女人的人。可能是因为从小我外公外婆很疼爱她，她和我爸结婚后，一直都是我爸哄着她。她的脾气很大，只要哪里不满意就会生气，有时候甚至有点无理取闹。小的时候我也会很注意不要做错什么事，说错什么话，怕她生气。”妻子回答。

我问：“那你不开心的时候，或者有什么需要的时候，她会安慰你吗？”

“基本不会，大部分时候她都不理我。有时候她会说嫁给我爸就够倒霉的了，还要应付我。她很嫌弃我，还有好几次说如果我再抱怨就不要我了。”

“听到她说这些时你是什么感觉呢？”

“就是挺难受的，也很害怕。到后来我就不敢跟她说我不开心的事了，也不敢提要求。我觉得她就是个长不大的公主，自己管不好自己的情绪，很多时候还要我去安慰她。如果我再提要求，说不定她就真的不理我、不要我了，没了她我自己又没办法生存。”妻子看上去有些伤感。

“那你和你爸爸之间怎样呢？”我继续问。

“我爸爸是个很憨厚老实的人，平时不太说话，就是俗话说的不太会来事的那种人，这也是我妈妈最嫌弃他的地方。但他对我生活上还是蛮照顾的。”

“除了生活，你心情不好时爸爸会有反应吗？”

“基本也没什么反应。小时候，我的情绪只能自己消化，也不可能跟别人讲。但怎么说呢？心里边还是挺希望父母能多在情感上关心我的。”妈妈说。

“但又不太敢直接表达，因为那可能会招来妈妈更多的抱怨，甚至会害怕她再也不理你。”我澄清。

“是的，所以我对老公有情绪时，我挺想讲出来的，但一想到以前和我妈相处的经历，又不敢讲了。我挺怕提出来招他嫌弃的，就像当时被我妈嫌弃一样。感觉好像被我妈施了咒一样，当年我依赖我妈，所以不敢提要求。现在我又依赖他，怕提了过分的想法他也会不要我。”

妻子与她母亲的关系塑造了她不安全的依恋体验。一方面，她渴望自己的情绪被亲人看到和理解，渴望不管自己有什么需要，身边的至亲都能接纳自己，对自己不离不弃。但另一方面，从小一旦提出要求就可能面临被母亲抛弃的经历，又让她对自己和至亲关系的可靠性充满了怀疑。这样的恐惧和纠结一直延续到她自己的婚姻关系中，她渴望自己一直以来埋于内心的情绪和需要能被丈夫看到和理解，但又害怕自己提出要求后，丈夫会像母亲一样嫌弃甚至抛弃她。她平日只能将情绪压抑在心里，但这些被压抑的情绪并不会凭空消失，妻子要么在一段时间的压抑后突然爆发，要么用各种变相的抱怨、生闷气去吸引丈夫的注意力。

妻子这些表达需要的方式会让丈夫更不明白她究竟想要什

么，或是更回避她。而丈夫的回避，又会换来妻子更多的恐惧和不满。夫妻二人过去就是这样陷入了妻追夫逃的恶性循环。

和夫妻讨论和澄清原生家庭对他们各自的影响，目的并不是要让他们忘记过去，而是让他们能对自身原本如一团糨糊的情绪更加通透，这样他们才能更好地管理自己的言行和情绪。同时，夫妻听到彼此讨论自己的成长经历，也能增进他们相互之间的理解。当他们更了解对方的一言一行是如何而来时，对彼此的误解也许就能更自然地消散了。

我问丈夫："你听了她说的，有什么想回应的吗？"

"这是我第一次听她说她小时候的事。以前我只是觉得她无理取闹，但现在我好像一下理解她了，"丈夫看着妻子，"我也想说，我是不会离开你和女儿的。"

丈夫的这一句承诺很重要，妻子瞬间泪崩，埋在心里多年的被抛弃的恐惧终于被自己最在乎的人看到。没有什么是比这种感觉更有治愈力的了，因为恐惧只有被看到，才会消失。也只有当一个人内心对被抛弃的恐惧消失后，他才能更自如和直接地、不带攻击地表达自己的需要。

之后的数次咨询期间，妻子的情绪表达逐渐变得温和。而随着她变得温和，丈夫的回应也变得更加积极。这个过程中，虽然心怡没怎么参与对话，但她全程见证了父母的变化。

在我们的最后一次咨询里，心怡说："我觉得现在我可以放心了。咨询了这么多次，现在他们可以好好说话了。虽然我认为他们还是很不一样，但现在他俩应该可以为自己的婚姻负责了。我有时候在想，即使他们以后真的有一天过不下去，只要他们能好聚好散，各自安好，那我也就放心了。”

心怡的最后一句话，也是我最想听到的。因为它表明这个女孩终于可以暂时放下心中对父母婚姻的牵绊了。虽然父母还是她的父母，她还是会不时地挂念他们，但她终于可以尝试与他们做到既亲密又独立，既有和他们的情感连接，又能拥有属于自己的未来了。

她，终于可以安心离家远行，去上她心仪的大学了。

第九章　做能够反思、整理和接纳自己的父母

读了上面的案例，你可能会更加强烈地感觉到，我们在处理厌学时常常是“头痛医脚”。正如上一章案例中提到的，那些从原生家庭中带来心理创伤、遗憾，对自己人生发展或婚姻状态不满的父母，更容易给孩子过高的期待，在孩子产生不良情绪时，自身情绪失控的概率更高，也更容易“养出”厌学的孩子。因此，要帮助孩子面对厌学，父母需要做的另外一件事是学会反思和整理自己的负面情绪、自己对人生的遗憾、自己对婚姻的不满、自己的童年心理创伤，甚至是与自己父母的未了情结。这本身绝不是一个容易的过程，因为这涉及对自我的重新认识、挑战和调整，其间要经历的痛苦、悲伤、遗憾、愤怒等情绪可想而知。但是，我们仍然建议各位家长：要更好地帮助孩子，需要我们先帮自己。

处理自己与原生家庭的未尽事宜，做更通透的自己

每一对父母都曾经是自己父母的孩子，都曾在与自己父母相处的过程中体会过被父母忽视、责备甚至虐待的滋味，或许也曾体验过父母传递而来的无奈、悲伤、愤怒、纠结以及对人生的不满，这些经历会在我们脑中留下深深的印记。比如一个从小被父母强势控制的男人，在自己的小家庭中可能会效仿自己的父母，对女儿和妻子有过多的管控；一个从小任何情感需要都得不到母亲回应的女人，在和自己女儿相处的过程中可能也不知道该如何安慰孩子的情绪；一个自小被家族寄予过高期待的孩子，一面可能会因此怀揣着对家族的抱怨，一面又可能无意识中认同家族传递给自己的期待，又把这些期待传递给自己的孩子。

所有这些我们与原生家庭的未尽事宜，就像跟在我们背后的影子一样，影响着我们与自己孩子和伴侣的相处。因此，我们需要定期地对自身情绪和行为习惯进行梳理。你可以阅读心理学相关书籍，在网上收听让你觉得有益的自我成长课程，参加某些你认为适合自己的心理工作坊，甚至是寻找一位专业的心理咨询师帮助你自我成长。

我曾经见过一位男性来访者A先生，他自己的事业很成功，家资丰厚。但是，他始终对自己没有信心，总觉得自己获得的成就还不够。此外，当别人对他提出一些过分要求时，他虽然内心

很抗拒，但行动上却始终无法拒绝别人。

A先生对自己儿子的成绩要求也极高，总希望孩子获得更好的成绩。孩子拿到全班前三名后希望他拿到全班第一，拿到全班第一后又要求他拿到全年级第一，拿到全年级第一后又希望儿子能考到全市第一。孩子在小学时都对爸爸唯命是从，但到初中后，这个青春期的孩子的自我意识开始觉醒，开始反感父亲的“专制”，开始用不上学拒绝父亲的要求。

而当A先生与儿子起冲突时，他一方面很想直接和儿子理论，但另一方面心中又有种莫名的恐惧。他害怕和儿子沟通中如果言辞激烈的话，孩子就不再理他了。这种恐惧与他在工作中不敢拒绝别人对他提出的过分要求时的感觉极其相似。

“其实归根结底，我就是害怕和别人发生冲突或者拒绝别人要求的话，别人就不再理我了，我害怕被别人抛弃。”在和这位父亲做了多次个体心理咨询后，他自己总结道。

我好奇他这种害怕被抛弃的感觉，以及对自己过分苛责的习惯是从何而来的，于是询问了他从小成长的经历以及他跟自己父母的关系。

原来A先生属于家中超生的孩子，加上幼年时家中贫寒，父母为了避免被检查，在他出生两个月时将他送到了一个远房亲戚家寄养。结果由于亲戚疏于照顾，当时还是个婴儿的A先生差点被饿死。

后来好不容易回到父母身边，他又不得不面对他那苛刻的母亲。母亲是一个自卑的女人，对自身的不自信使得她总是很在意别人对待她的态度，总觉得自己丈夫的家人对她这个媳妇不公平。她终其一生都在寻找能够让自己感到安全的“资本”，她想让自己的丈夫比别人家的丈夫更好，想要自己的孩子比别人家的孩子更优秀，因为自卑的她只能借助丈夫和孩子这些外在的“资本”来支撑自己那份脆弱的自尊。

“记忆里我妈妈好像就从来没有满意过，也从来没有夸奖和认可过我。她永远都觉得我和我哥哥不如别人家的孩子，几乎每天都会在我们面前唠叨，说谁谁家的孩子怎么怎么好。”A先生说。

我问：“这样的经历对你的自我看法和人生发展有什么影响呢？”

“我就觉得我不如别人，但心里又很不服气，所以我一辈子都在努力，想要证明给她看，我是值得让她为我骄傲的好儿子。但我发现不论我怎么努力，怎么成功，都没办法让她满意。我是我们村里唯一的大学生，我毕业以后找的工作也比我们那边绝大部分同龄人好，然后我创业有了自己的公司，都没法让她高兴，”他停顿了一下，擦了擦眼角的泪水，“我没法让自己停下来休息，因为休息就意味着我没有努力，就没法让我妈妈认可我了。”

除了一辈子都在通过让自己变强来获得母亲的认可以外，这个男人心中还有另一个永远的痛。出生后即被送到亲戚家寄养而差点被饿死的经历，在他脑中刻下了深深的恐惧。他时刻都在害怕身边重要的人会再次像小时候他的父母那样，因为冲突、对他的不满和生活困难就抛弃他。

所以，为了让自己不再被抛弃，他只能通过两种方法来确保自己的安全，一个就是不断努力让自己成为别人眼中那个有价值而无法被替代的人；另一个方法则是在别人对自己提出不合理要求时，压抑自己的不满去迎合与讨好别人，避免在别人心中留下不好的印象，避免别人因为不喜欢他而离开他。这样单方面的讨好看似能够让他和别人的关系和睦平静，但他自身的需要却在这种委曲求全中被压抑了。

A先生这种通过不断打“鸡血”取得更高成就，以获得安全感的自动生存模式，被他无意识地带到了和自己儿子的相处中：“我一直害怕自己的孩子会因为不够优秀而不被别人接纳，就像我小时候不被我的母亲接纳一样，所以我就会不断给他提更高的要求。”

同时，害怕被别人抛弃的恐惧，又使得他在和妻儿发生冲突时往往欲言又止，压抑自己的情绪。而长期的压抑势必会定期迎来爆发，他常会在别人无法预料的情况下暴怒，就像火山爆发一样，把压抑在心中的愤怒像火山岩浆一样喷发出来。

而这一点，也是他的妻子和儿子抱怨最多的部分。每当他暴怒时，他们便不再理他，妻子回避和他沟通，儿子把自己锁在房间里不去上学。当看到妻儿这种反应时，他的愤怒、被抛弃的恐惧、委屈又会再次填满内心。而这种被压抑的情绪日积月累，终将迎来下一次爆发。

“所以看上去，目前你和儿子关系的冲突一方面跟你们的沟通方式有关，另一方面也是因为你需要去处理和自己父母的关系？”我问。

“是的，我同意。其实我觉得，医生，你帮我搞清楚这些矛盾的想法是怎么来的，这个过程本身就是在帮我了。现在我的情绪出现的时候，我可以更快地意识到它们了。我发现看这些情绪越清楚，我好像就对自己的状态越有把握了。”来访者运用他通过多次咨询和自我成长获得的自我觉察能力，很好地总结出了人们自我成长的第一个关键方法：通过不断的自我反思，提高自己对自身情绪和想法的觉察能力，做更通透的自己。

在心理专业上将这种自我觉察的能力称为心智化（Mentalization）能力。在咨询中，除了用上述的谈话帮助A先生对自身情绪获得更通透的认识以外，我们还用了空椅子①、外化②等方法。后

---

① 空椅子属于心理学中格式塔疗法中的一种。空椅子技术本质上是一种角色扮演，在咨询师的指导下，来访者分别坐在两把相同的空椅子上扮演不同的角色持续对话。

② 外化是叙事疗法的重要技术，是指在治疗时将人与问题分开，借此避免为当事人贴上负面的标签后，会削弱其面对问题的意愿与能力，同时拒绝当事人以我就是这样的人为借口，进而学习承担改变的责任，能够帮助求助者修正自己与问题的关系以及问题对生活的影响。

来，随着这位爸爸对自我认识的加深，他对自我情绪的调控也更加自如。他的情绪更加稳定，也能针对孩子的焦虑给予更好的安抚了。

这个过程中，我们还用了一些时间去帮助这位A先生看到自己的优点。这样做的目的只有一个：用实实在在的证据提高他的自信。因为只有当他更加欣赏和接纳自己时，内心对于生存的焦虑感才会缓解，才愿意放开他加诸于儿子肩上过重的期待。这也是我们自我成长，并且与原生家庭和解的另一个重要方法。

我邀请A先生写出自己的50条优点，最开始他的反应是："我哪里有那么多优点？不可能写出来的。"但后来在我的坚持下，他"勉为其难"地完成了这份作业。我和他一条一条地回顾了这50条优点。之后他说："之前我觉得做这份作业很别扭，但当你帮我把这些优点回顾完后，我心里还蛮热乎的，也挺轻松的。我突然觉得，我其实也不一定要那么拼命，我自己的需要也挺重要的。"

后来在面对他们家庭的一次咨询中，儿子反馈说爸爸变了。以前天天把努力学习挂在嘴边的爸爸，居然给儿子放了两个星期的长假。我问A先生这种变化是怎么发生的，他回应道："我放过了自己，自然也就放过了我儿子。"

那些对他人百般挑剔的人，其实真正不满的是他们自己。A先生也是一样，当他真正接纳自己之后，他才做到了接纳自己的儿子。而男孩在得到父亲的接纳后，逐渐恢复了自信，最后回到了学校。

你也许会问，为何关注我们自身的优点能促进我们的自我成长以及和原生家庭和解呢？因为当你对自己的优点关注越多，你的自信会越发提升。这种自信会成为你自身价值的“加成项”，就像支撑你立于世间的支柱一样，会让你在与人沟通中对自身状态更有把握。当你对自身更有把握时，你自然会感到你的情绪更加稳定，遇事不乱。

而你身边的人，也会在和你相处时感受到更多从你身上散发出的坚定、清晰和自信。如果你还没有这种自我认可的体验，不妨尝试做同样的练习：写出自己的50条优点，并且和自己信赖的人一一去讨论它们。你也许会发现，当你看到自己越多的优点，对它们体验得越加深刻时，你对自己的接纳便会越自然。

学会简单、清晰地表达情绪和需要

要做更加成熟的能够支持孩子的家长，你需要学习和练习的另一件事是：**用清晰、坚定而不带攻击的方式，向家人和孩子表达你的情感和需要。**正如前文所说，许多家长在面对孩子的厌学情绪时，喜欢用愤怒、指责，甚至人身攻击来表达自己的想法。

这样极端的方式不但不能解决问题，反而容易让孩子感到挫败和愤怒，使得厌学情绪更加严重。

作为家长，作为应该为自己的情绪负责的成年人，我们也要学会管住自己的嘴巴和行为。当你看到孩子不想去学校或是与家人发生冲突时，不妨尝试以下几步来管理你的情绪，让它们得到更好的表达：1）给自己几分钟时间去体会当下自己内心的感觉，是愤怒、害怕、无助还是其他；2）当你清楚自己此刻的情绪时，去想一想是孩子当下的哪些具体行为引发了你的情绪；3）试着把你的情绪看作一个物体，先放在一边，去思考你此刻究竟希望孩子怎么做；4）想一想，如何用最简单明了的句子把你的期望告诉孩子；5）做几次深呼吸，调整自己的表情和情绪（如果你不确定你现在的表情看上去是怎样的，可以找一面镜子先看看自己，对着镜子做一个自我调整），而后用不快不慢的语速、适当的音量、简洁的句子把你刚才想表达的期待告诉孩子。

这里请注意，你讲话的态度本身往往比你讲话的内容更具有影响力。如果你用一种凶神恶煞的方式和对方说话，即使你讲的是好话，对方感受到的绝大部分信息也是你对他的攻击和恶意。反之，如果你能用一种温柔、坚定且尊重对方的方式去讲话，即使你说的是批评对方的“坏话”，听到对方的耳朵里也容易变成他们更能接受的“好话”。我们不必去纠结为什么会这样，因为这就是人的本能反应。

虽然这样的情绪表达方式并不容易一下掌握，但实践证明它确实有效。你可能需要反复练习。如果你愿意，可以邀请一位你信任的同伴，用角色扮演的形式帮助你反复练习。甚至你可以尝试用手机录下自己练习的过程，然后去重看或重听。你可能会发现，自己实际说话的方式和你原本所认为的很不一样。此时，你会有更强的改变动力和更清晰的调整方向。

把你给孩子的期待变为良药

在第二部分我们讲到，家长给予孩子的不恰当期待常常会成为引发厌学的“毒药”。那么问题来了，给孩子什么样的期待算合适呢？

其实这个问题本无标准答案，但大体来说，合适的期待应具备以下条件：1）它会稍微超出孩子当下的能力，但通过孩子的努力，花些功夫能够达成；2）它需要和孩子自己的理想有契合之处，而不是让孩子放弃自我，转而“接盘”父母的全部梦想；3）避免不同家长给予孩子的期待彼此矛盾；4）当孩子想到家长的期待时会有一点紧迫感。做成了，会让孩子觉得被父母认可；如果做不成，孩子也不会觉得父母就不爱自己了；5）给孩子提供必要的工具性支持，让他们能够从身边可及的一个小目标开始，逐步去实现家长的期待；6）做言行一致的父母，千万不要口头说一套，实际行动却是另一套。比如我曾经见过一位父亲，嘴上说对自己14岁女儿的成绩没什么要求，但实际却日日对女儿耳提面命，对小姑娘学习的每一个细节进行把控，恨不得把女儿的脑子换成自己的脑子，替她学习。最后女儿直接用不上学来表达自己对父亲这种“言行不一”的愤怒。

你可以参照以上标准，重新审视自己给孩子的期待，并做必要的调整。这样一来，也许你给孩子的期待就会变成一剂鼓励孩子成长的良药，而非使其止步不前的毒药。

第十章　成为孩子的压力缓冲垫，培养孩子应对逆境的能力

做孩子的“压力缓冲垫”和“信息过滤器”

前面讲到，来自社会和时代的压力是引发厌学的一个重要因素，但我们也发现，并非所有家庭的孩子在面对社会压力时都会出现问题。你会发现，那些看到孩子面对学业压力时只会发火，缺乏理智，甚至表现得比孩子还要紧张的父母，更容易培养出厌学的孩子。这一类父母属于孩子的“猪队友”。

而另外一些父母则会成为孩子的“神队友”。他们往往是孩子很好的“压力缓冲垫”和“信息过滤器”。什么意思呢？其实每个孩子在学校偶尔违反纪律，或是惹点小麻烦都是正常的，许多老师面对教学业绩和升学率的压力，也是既无奈又焦虑，所以某些时候老师在和家长沟通时难免带有一些自己的焦虑情绪。

如果老师的话语传递给家长的紧张情绪是10分的数量级的

话，那么家长需要保持理智，去区分和澄清老师说的话里面究竟想传递的重点信息是什么，哪些是自己作为家长可以发挥作用去配合老师影响孩子的，哪些焦虑情绪是可以在自己这里过滤掉，没必要传递给孩子的。最后，通过家长传到孩子那里的焦虑大概5~6分就差不多了。同时，家长也需要在过滤焦虑的同时，去思考可以给予孩子的可操作建议，然后和孩子就事论事地讨论。

这样的父母才是孩子的“神队友”，给孩子送出神助攻。比如，同样是一个男生，在学校和一个喜欢的女同学走得很近，我见过不同家长用不同的方式处理该情况，其结果完全不一样。A男生的班主任很担忧地跟男生的妈妈说了此事，叮嘱妈妈一定要看好男生，别让他因为谈恋爱耽误了大好学业。妈妈回家后，选了一个家人都比较放松，一起在外散步的时机，心平气和地和儿子聊。她先关心和询问了儿子最近在学校过得怎么样，有没有新鲜事发生，然后再提出老师反映的情况。这个妈妈谈到此事时，完全抱着一种尊重、平等和好奇的态度问儿子：“那个女孩子是什么样的？一定挺可爱的吧？她有什么兴趣爱好吗？你们在一起开心吗？”看到老妈这样的态度，男生有些不好意思地跟她说了自己和这个女孩的关系，两个人确实聊得来，但是还没有发展到男女朋友的程度。妈妈听后淡定地说：“有喜欢的人，这个人也喜欢你，这是一件很幸福的事。如果你们要谈恋爱，也不是不可以。你们聊了什么，一起去哪里玩也不用什么都跟我说。只是如果谈了，就需要多为对方着想，比如不能耽误对方的学习和前途，如果能互相帮助，让彼此各方面发展得更好，那就太棒啦。而且你是男孩子，也要学会怎么保护女生，别做伤害对方的事就行。你那么聪明，一定知道怎么做的。”儿子非常认同妈妈的话，后来经过高三一年的努力，他和喜欢的女生都考上了重点大学。显然，这位妈妈起到了很好的焦虑缓冲剂的作用。

相似的情况，B男生就没那么幸运了。班主任发现他和一个女生交往后，连忙通知男生的爸爸。爸爸知道后焦虑不安，回家看到正在写作业的儿子，劈头盖脸就是一顿训斥，说儿子不争气，自己工作赚钱那么辛苦，他在学校却不好好读书，只知道谈情说爱。男孩羞愤难当，当晚就离家出走，后来被家人寻回后便死活都不愿意去学校了。他说他恨透了自己的班主任，并且威胁父母如果不给他办转学，或是父母以后再干涉他的私生活，他便死给父母看。父母万般无奈，只得费尽心思给儿子办了转学。但儿子因为此事一直记恨爸爸，从此也极少和父亲说话。和上面的那位妈妈相比，后面这位家长就属于“猪队友”。

如果你是家长，当你面对来自社会和老师的压力时，不妨尝试以下步骤：第一步：先做几次深呼吸，试着把你的焦虑情绪放一边。第二步：重新回忆老师刚才所说的话，从里面提取关键信息，包括：老师想告诉你的重点事件是什么，老师期待孩子具体做哪些调整，学校希望你作为家长提供的配合或采取的行动具体是什么。第三步：思考基于学校的这些具体的期待，你能够提供的配合和做出的行动是什么。第四步：如果把需要孩子改变的部分变成具体的建议提给他，应该怎样跟孩子说清楚。

当然，最后也要再提醒家长一点：跟孩子说话的方式跟你说的内容一样重要。**尽量用平静而坚定的态度和语气，清晰地向孩子传递你的意思，而不要夹杂过多的抱怨、人身攻击和焦虑。**

成为孩子的“情绪缓冲垫”

在应对厌学时，家长还需要承担的另一个角色是孩子的“情绪缓冲垫”，即在孩子面临学业相关压力时起到承载和安抚孩子情绪的作用。如何做呢？一个原则：**靠近和理解孩子在先，讲道理在后。**比如，当孩子跟家长说他们在学校和同学发生的不愉快时，许多家长的第一反应可能是急于要去平息孩子的情绪。他们可能会说：“这没什么大不了的，就让他们说去吧，你专心把学习搞好就可以了。”或是想要讲点道理，促进孩子的自我反思和成长：“你有没有想过为什么别人没有遇到这样的问题，而你就遇到了呢？”

这些在家长看来的“安慰”或者道理，在大部分孩子眼中其实是没什么用的，甚至会觉得你这样的回答太冷漠，是站着说话不腰疼。为什么呢？因为当一个人经历了挫折和痛苦时，最需要的是旁人耐心的陪伴、倾听和理解，而不是大道理。要让我听进去你的道理，起码你先要让我感到我的痛苦你是在乎的，是愿意去听的，是能被你理解的。当我觉得你是站在我这边，你的心是向着我的时候，你的建议我才愿意接受。

这个道理其实在成年人的社交策略里一直被广泛应用，比如你和某人有冲突，那么来调解冲突的人最好是你和对方都信任的人，因为许多时候我们能不能听进去某人的话，关键并不全在于对方讲的内容客观上对不对，而是在于我信不信任对方，我觉得他心里是不是在为我着想。

有意思的是，这种在成人世界中被极力推崇的“先建立关系，再讲道理”的人际沟通策略，却很少被家长用在自己孩子身上。我记得一个男孩曾经在我的咨询室里声泪俱下地控诉他的父母：“以前我每次在学校被同学欺负，回家向他们（父母）求助，他们只会反过来怪我，说我就会惹麻烦。我心都碎了，我一直在寻求他们的帮助和理解，但他们就是不给我。我记得有一次我跪在他们面前，求他们听我把话说完，但他们给我的永远都是轻蔑和不屑。我后来就彻底放弃了，不管开心和不开心的事都不会和他们讲了。现在我不上学了，他们倒是开始关心我为什么不开心。我觉得他们很可笑。”

所以，在面对孩子因为学校人际冲突产生厌学情绪时，家长首先要做的不是讲道理，也不是和稀泥：“这没什么，别多想。”我们需要耐心地听孩子把烦恼讲完，让他们感受到我们对他们情绪和痛苦的在意。此时，家长哪怕只是简单的一句“这确实让你挺难受的”，也比只讲空洞的大道理来得好。

如果你要讲道理，也请在听孩子把话说完后再讲。你可能会发现当你习惯这样去回应孩子以后，你的建议孩子反而更容易接受了。当然，这里需要强调一点，所谓“倾听”，是需要我们在听孩子倾诉时保持足够的专注，和对方保持眼神接触，并且在谈话过程中要给予对方及时的回应，比如“嗯”“是的”“我听明白了”等。我曾经见过这样一个爸爸，他很委屈地说自己有耐心倾听儿子的烦恼，但儿子却全然不领情。儿子听到此话立即反驳：“你那也叫倾听吗？你一边听我说，一边低着头玩手机，完全没反应，整个人心不在焉。我感觉你是在敷衍我。这样的倾听就是在做戏，不如不要！”所以，倾听和陪伴也是一门需要耐心、学习和修炼的艺术。

培养孩子面对逆境的能力

许多厌学的孩子有一个特点：面对挫折和不确定的生活时，不知如何是好，或是本能地认为自己没法处理。他们的第一反应要么是逃避，跑到网络和游戏中去寻求麻痹性的平静；要么是情绪崩溃，让自己成为一个“抑郁”或“焦虑”的病人。那么我们该如何培养孩子应对逆境的能力呢？这里有三方面的建议。

1. 以身作则，做能够面对逆境的父母

父母是孩子人生道路上最重要、影响力最大的人生榜样之一。因此，父母自己在面对逆境时的处理方式，也自然会成为孩子模仿的对象。想要培养孩子在面对挑战时能屈能伸的品质，父母自己需要做好示范。我见过有的父母，在遇到挫折时要么整天意志消沉，悲观绝望；要么心浮气躁，乱发脾气，却要求孩子在遇到学业压力时保持乐观和积极向上。这种“双重标准”不仅会让孩子觉得难以接受，而且也无法让他们从父母身上学习如何去面对逆境。

要做好孩子的榜样，首先要求家长在自身遇到挑战时，能够及时地觉察到自己的负面情绪并且管理它。请注意，这里讲的并不是我们不能有负面情绪，而是当情绪出现时我们可以及时地意识到它的存在，并且通过适当的方式去处理它，比如运动、独处、和信任的朋友或是心理医生倾诉等。同时，还要求我们能够在纷乱的麻烦中找到应对逆境的资源，以及哪怕那么一点点的可能性。这一点其实并不难，当你面对自认为无解的情况时，别急着放弃和沮丧，试着给自己几分钟的时间暂停一下，想一想：

“目前的情况真的没有其他可能性了吗？我以前是否遇到过类似情况？当时我是怎么处理的？”你会发现，只要你打开思维和记忆的盒子，总能从里面找到新的可能性；最后，请记得不论你面对何种挑战，都不要用非黑即白的方式去处理，因为当孩子目睹了你多次重复这种极端的处理方式后，它会慢慢地潜移默化为孩子处理问题的一种习惯性模式。

2. 做能够求同存异的夫妻

父母可以一同帮助孩子提高应对逆境能力的另一个方法是：直面夫妻之间的冲突和不一致，并有弹性地解决它。其实，夫妻来自两个不同的家庭，走过不同的人生成长轨迹，他们在生活诸多事宜上会产生观点不一致和冲突是很自然的事情。有的父母总是愿意并且能够积极地去面对他们的不一致，他们允许对方表达自己的观点，也尊重对方表达的权利，他们讨论冲突时就事论事。他们虽然也会有情绪发作和抱怨，也会争吵，但不会动辄上升到对彼此人格攻击的程度。并且，他们愿意在争吵过后去修复关系，面对彼此心中的需要、渴望和情绪。这被称为“积极的正面的冲突处理方式”。

夫妻之间在尊重彼此观点和需要的前提下，去就事论事地讨论，尽量达成一个双方都能接受的折中状态，做到求同存异的问题处理方式，不仅能帮助他们解决冲突，而且父母用这样的方式来解决问题的过程本身，也会成为孩子日后效仿的典范和人生财富。拥有这样父母的孩子更容易体会到：**就算两个人观点不一致，也可以在需要时，既保有自己的观点，又保持对彼此的尊重，同时还可以和对方合作去一同面对挑战。**

他们能从父母身上学到如何在看似不可能达成一致的情况下，商议出双方都能接受的解决方案。他们也能通过目睹父母反复协商的过程，体会到生活中存在不确定性是很正常的一件事。他们会对事情的不确定性更加接纳，当日后面对突如其来的挫折时，便不至于瞬间崩溃或本能地逃避，能够保持继续前行的勇气。这其实才是所谓“**挫折教育**”的精髓所在，其目的不仅仅是要让孩子知道世间诸事大多难如人意，而且还要让孩子有机会体会和学到，就算凡事很难皆遂心愿，但不代表我们不能去面对、协商和接受。一句话，要帮助孩子体会到：**“身不由己”或许情有可原，然而我们不应该总是“无可奈何”。**

3. 与孩子一起发现未来的各种可能性

培养孩子抗逆境能力的另一个关键是：父母鼓励孩子，并与之一起去寻找更多应对问题的方法。要做到这一点，家长首先需要做好四点准备：1）让自己尽量成为一个能够面对逆境的人，如本章第一节所述；2）找到和总结孩子及你的家庭在既往应对逆境时的成功经验，这一点在第十一章会有详细讲解；3）做好思想上的准备——坚信即使再困难，也能找到应对问题的资源和方法；4）做好思想上的准备——厌学问题的解决不会一蹴而就，总归需要一段时间，我们需要足够的耐心。

然后，你需要和孩子沟通并明确，在目前的情况下他希望你以一种怎样的距离陪伴和支持他，包括具体在什么时候陪他，每次陪伴的时间长短，哪些话题需要你参与讨论等；接下来，在陪伴孩子的时候，你需要理智且坚定地和他确立一个可达到的目标。这个目标需要尽量具体到可见的行动，比如，不能仅仅是“安心地上学”，而应该具体到“每周上几天学”；再下一步，你可以和孩子一起从过去的记忆里寻找你们曾经用过的有效的应对逆境的方法，具体包括：当时的情况和现在有什么异同？当时采用了哪些有效的方法？是怎么做到的？如果把当时的经验移植到现在的问题上，可以怎么做？这样做的原因是每个人身上都有属于他自己的成功经验，只需要把过去的成功做一定的调整，便能够很好地应对当下的相似困境；最后，如果一下子回忆不起过去的成功经验，你们可以共同在当下“挖宝”。可以和孩子一起想想目前在你们身边，有哪些有影响力的人是可以求助的，他们的哪些类似成功经验是可以借鉴的。记得一位因为厌学来咨询的“空心病”女生，本来已经对上学心灰意冷了，后来她偶然认识了一位高一级的同样经历过厌学困扰的学长，她通过和这位学长交流，感到自己的无奈被深深地理解，也从学长的经验中找到了新的动力。最后，她重新回到了学校，虽然没有按照父母原本的期待考重点大学，但她尊重自己的梦想考上了一所艺术院校。

案例：我伤害自己，只为换来你的理解

昨晚，叶子又做了同样的梦。梦见妈妈变得温柔，梦见多年来埋于自己心中的委屈终于被妈妈接纳。她在梦里哭了，哭得那么伤心，就像一个在外流浪多年的孩子终于找到了家一样。叶子在国外一所名校艺术专业攻读研究生。在研二那年，她渐渐发现自己整日情绪低落，做什么事情都没有精神和动力，不想继续学业。叶子后来被医生诊断为抑郁症，而后她开始了休学生活。然而，叶子和抑郁症斗争了近两年，换过许多医生和药物，却始终无法解脱。

初次见到叶子时，我问她："你觉得自己的抑郁症可能和家里的谁有关吗？"我之所以这样问，是因为我相信：家庭不一定是导致一个人抑郁的直接原因，但如果抑郁长期不愈，那么家庭在抑郁的持续中一定造成了不可忽视的影响。"妈妈"，叶子回答时眼神中非常确信，也有几分吃惊，因为从来没有人这样问过她。

叶子的妈妈有一段悲惨的童年，她在4岁时被自己的父母过

继给另一户人家，而父母给出的理由是：家里已经很穷了，我们要养你的哥哥，养不起你。感觉自己被抛弃的妈妈，一辈子都痛恨着自己的父母，却又一辈子都在努力，她想要成为优秀的女人，想要向抛弃自己的父母证明，他们当初的决定是错的。但现实却难尽如人意，妈妈是一个平庸的女人，事业平平，相貌平平。在30岁时，对自己人生已近绝望的妈妈，嫁给了一个自己不爱的男人——叶子的爸爸。而她下嫁的原因却仅仅是丈夫是中国某一线城市本地人，嫁给他感觉很有面子。这段婚姻为妈妈换来了短暂的“新生”，曾经抛弃她的父母，眼巴巴地再次来找她求复合——她悲惨的童年似乎翻盘了。然而，表面的光鲜并不能永远粉饰太平。婚后不久，妈妈发现老公不但不思上进，而且还是个妈宝男。她用尽一切办法，都无法把这个男人从她婆婆的乖儿子真正变成自己的男人。

叶子就在这样的家庭中出生了。前半生满腹怨恨、梦想幻灭的妈妈，将自己后半生再次翻盘的希望都寄托在了女儿身上。叶子现在依然清晰地记得，小时候妈妈对她有多么苛刻和粗暴。吃饭时夹菜顺序错了，妈妈要打。考试考了99分，妈妈会大发雷霆。自己上台领奖时稍微有点紧张，妈妈会歇斯底里地数落她一天，说她不够大方，给自己丢脸。为了讨好妈妈，叶子从小努力做一个乖孩子，上了妈妈希望她上的国际高中，大学时放弃了自己的梦想，选择了妈妈为她选择的专业，而且为了妈妈和自己不喜欢的男人谈恋爱。但她发现，不管自己怎么努力，都无法让妈妈高兴。因为，妈妈真正不满意的是她自己的人生，而她又不愿意正视。

叶子从小就很少体会到究竟何为快乐，她曾经试图反抗妈妈。但每次只会换来妈妈的镇压，或是道德的绑架：“我为了你，忍受你爸爸，忍受这段不幸的婚姻半辈子，你这样对得起我吗？”这句话就像一句魔咒，每每都会让叶子不得不把委屈硬生生咽下去，她好想对妈妈大喊：“不，你不是为了我，你是为了你自己！”然而，这句话却从来不曾说出口。对悲愤的长期压抑和满带羞愧的讨好，终会付出代价。在国外读研期间，叶子抑郁了。她无法继续学业，回家做起了“病人”。

回家后，叶子开始了和父母长达两年的缠斗。一方面，抑郁就像一件武器，让她终于能对父母表达埋于心底多年的情绪。她控诉妈妈的可恶和自私，埋怨爸爸的退缩和无情。另一方面，她的任何情绪表达都无法得到父母正面的回应，因为他们认为叶子的行为属于“病态”。叶子也曾尝试通过语言让妈妈理解她内心的痛苦，然而每次换来的，要么是妈妈的否认：这不是我的问题，是你自己心态不好；要么是妈妈“耍无赖”般的回击：反正我就这点水平，你想怎么样吧？要不你拿把刀砍死我好了；要么就是妈妈的无视。“我有时真的恨不得一刀把她砍死算了，但我不能那么做，她是我妈。看不到希望时，我能做的只能是伤害自己，因为那样也许才能影响到她。”叶子说。

叶子和妈妈之间这样既爱又恨、相爱相杀的纠缠，在抑郁症患者中并不少见。被抑郁困扰的孩子，往往一方面恨着父母，而另一方面又渴望父母有一天能变成温柔的港湾，让自己多年未被听到的痛苦得到接纳，让自己多年流浪在外渴望被安抚的心得以安放。而父母，他们最难以接受的，也许就是“你不是合格的父母”这一来自孩子的控诉。我说：“虽然我不是你，也许真的很难完全体会到你有多痛，但我想对你来说，这真的是世界上最难以言说的、最难以释怀的纠结吧？每当想到这些，我真的觉得你很不容易。”

叶子流着泪说：“你是第一个跟我说这句话的人。其实我不是要妈妈承认她做错了什么。每当我说不想活的时候，我真正想告诉她的是，我好痛苦。我多么希望她能稍微耐心地停一下，听听我这些年的不容易。我好想听到她真真正正发自内心地跟我说一句：‘女儿，这些年你真的好不容易，我好心疼你。’”但这么多年以来，这个愿望却从未实现过。每次叶子表达痛苦时，旁人的反应要么是毫无理解可言的不以为然，要么是满带对抑郁恐惧的否认，要么是毫无用处的“打鸡血”。但却始终没有人愿意和她肩并肩站在一起，试着去承认她的痛苦，看到她的委屈。“我知道我说想死时，妈妈会不知所措，会沉默。我也知道，她的沉默下面藏着愤怒，但除此之外，我真不知道还有什么办法能让她听到我的痛苦。我只有伤害自己，才能换来她的理解。即使那是被逼迫的理解，也好过没有。”叶子悲伤地说。

一边是一颗渴望被理解的心，一边却是旁人的误解或拒绝。这便是许多和叶子一样的抑郁症患者面对的困境。我说：“我想，即使我是医生，也无权去评价你想要结束自己生命的想法。因为在我听来，这真的是你在尝试了所有的办法都没有用以后，能想到的唯一办法，我尊重你的这种想法。”叶子默默地点了点头。我接着说：“但我也想说，尊重是一回事，作为你的心理医生，抛开所有的一切不讲，我仍然非常在意你的安危。你知道吗？每当看到你伤害自己的时候，我真的好心疼。所以，我能不能和你达成一个约定？以后当你再有结束自己生命的想法时，请你先不要付诸行动，而是过来和我讨论。虽然我一下也不知道能给你什么样的建议，但是我愿意陪着你一起面对，和你一起试着想办法。你觉得这样可以吗？”

叶子看着我，点点头。我们往往误以为，抑郁症患者最需要的是我们的建议或鼓励，但其实他们最需要的，是真的有那么一个人愿意和他们肩并肩，愿意发自内心地去体会和认可他们的无助和绝望。就像一片漂泊在外枯黄的叶子，要让它重新恢复生机，首先需要让叶子落到一块让它感到安全、愿意接纳它的痛苦的土地上。因为，痛苦只有被温柔地看到和接纳，它才能慢慢找回属于自己的资源和那一抹绿色。

虽然我不知道和叶子未来的咨询会怎么样，我也不知道未来她的生活会走向何方。但我想在现阶段我能做的，也许是尝试帮助她的父母去理解、包容和接纳女儿的痛苦，和她一起面对绝望。

我告诉叶子想邀请她父母来参加咨询的想法，她说："他们可以来和你直接谈，但我暂时不想和他们一起谈话，可以吗？"

我能从叶子的话中听出她内心的纠结，既渴望父母的理解，又害怕再次体验到被他们拒绝的痛苦。

我回应叶子："可以的。"我和她商定，如果她的父母愿意来，我不会盲目地批评他们。我会先听听他们对问题的看法，在获得他们信任后，将叶子之前告诉我的希望父母听到的她的期待，用不带攻击的方式清晰地传达给父母。我会耐心了解他们在了解了女儿心愿后的想法和反应，再去决定下一步需要怎么做。

第一次见面，叶子的父母给我的印象是有礼貌和愿意沟通的。我猜测，也许多年来他们在和叶子的相处中也忍受了许多她的激烈情绪。虽然他们各自都带有来自原生家庭的创伤以及对婚姻的不满，但他们其实都很想帮助女儿。也许他们只是和许多父母一样，面对女儿的抑郁情绪不知道该如何回应。作为咨询师，我无权也不该在这个时候责备这对父母，因为现在若要邀请他们共同去帮助叶子，我需要的是他们对我这个陌生人的信任。在信任的基础上，才能和他们一起去寻找对叶子的抑郁情绪有用的回应方式。如果我以一种高高在上的姿态去批评他们，只会换来他们的反感和抵抗，他们便更加不愿意改变了。

我对叶子父母说："今天你们两位愿意抽空过来，我已经体会到了你们对叶子的在乎。我猜你们之前可能也听了许多叶子的抱怨。其实我并不认为叶子的抑郁症是由你们一手造成的，相反，我想你们一定也尝试了许多办法，做了很多努力吧，但看来收效不理想。我猜你们也许也会因此很挫败、迷茫或者自责吧。"

"是的，医生，你说得很对，"妈妈很诚恳地说，"其实我一直很希望能帮她做些什么，但我确实不知道该怎么做，每次跟她说话她就会生气，我也不知道现在该怎么跟她说话了。所以今天来也是希望你能教我们怎么做。"

妈妈的态度让我看到了改变的可能性，我说："谢谢你的坦诚。我可以这么说吗？她对你的愤怒可能恰恰说明，你们对她态度的调整在她康复中起着举足轻重的作用，恰好说明你们对她很重要。"

"真的吗？刘医生。"父母看上去有些吃惊，似乎他们从来没有像这样换一个角度理解女儿的愤怒和抑郁。

"毕竟没有希望，也就不会有失望之后的愤怒吧，当然这只是我对叶子的理解。"我回应道。

妈妈微微点头："我们从来没有这么想过，我们以为她是真的很讨厌我们。"我注意妈妈此时的身体姿势发生了变化，她的身体更加前倾，眼神更加专注，眼中闪着一丝兴奋和安慰的光芒。看得出来，对她来说，“女儿其实很需要我，她是因为希望越大，所以失望越大而对我产生了愤怒”这样的解释，比“女儿很恨我，我是一个不合格的妈妈”的信念更加能被她自己接受。

当一个人更加接受自己时，她才更愿意放下防备去做出改变。此时我可以正式向他们发出改变的邀请了：“所以你们愿意一起来讨论一下，现在可以换一些其他的什么方式来对待叶子吗？”

“嗯嗯，我们愿意的，刘医生。”妈妈连连点头。此时坐在一旁的爸爸虽然未说话，但也跟着自己的妻子点了点头。我能感觉到刚才跟妈妈的那一段对话，似乎也让他有了一些感触。

在接下来的咨询中，我稍微开启了一些“心理教育式咨询”的模式，与父母分享了在面对叶子的情绪时如何去专注地倾听和不带评价地回应，包括倾听时应当保持一定前倾的身体姿势，保持和女儿的眼神接触，及时地给予女儿回应，让她感到自己的话被父母听到了。我建议父母：“你们也许可以对叶子说，‘我们虽然一时不知道该怎么办，但你想说的时候我们都很愿意听你说，让我们一起面对’。”

对父母来说，这样应对女儿情绪的方法是一种新的尝试。其间我们还多次采用角色扮演的方法和他们练习了这种倾听、回应和理解叶子的方法。

后来一次和叶子的咨询中，她告诉我她能感到父母的变化，虽然看上去他们的回应有些僵硬，“但他们，特别是妈妈能有这样的变化，我已经挺意外了。”叶子说道。

当愤怒背后的需要被耐心地看到和温柔地接纳时，愤怒才会被抚平。后来叶子的父母又来见了我两次，他们反馈最近叶子的情绪渐渐比以前平静了，虽然偶尔还会发火，但他们现在已经学会用“倾听和理解模式”来应对女儿的情绪了。

直到本书完成时，叶子的心理治疗仍在进行，她的抑郁情绪较之前有了一定缓解，我们咨询的核心话题已经从之前她与父母的纠缠，渐渐变为了她返校后可能面对的挑战，以及可以采取的应对方式。这是一个好的现象，因为这表明这个处于独立离家阶段的女孩，终于愿意尝试先放下对父母的恩怨情仇，去考虑属于自己的未来了。

而这一切改变的基本前提，则是我们在心理咨询中一直在坚持做的，也是一直以来叶子最希望父母能够给她的：如果想要改变我，请先靠近我，理解我，接纳我。

第十一章　变空心为有心，帮助孩子找到自己的方向

变空心为有心

前文已提到，得了“空心病”的孩子最易在遭遇学业挫折时出现厌学情绪，因为他们缺乏一盏能使其对生活始终抱有热情的“明灯”——属于自己的梦想，去支持他们继续前进。所以，帮助“空心病”患者摆脱厌学情绪的方法，不该是强迫他们喜欢上学习，将学习变为他们新的理想，而应当是帮助他们意识到：你可以不喜欢上学，但你不应该没有属于自己的人生目标和理想。你可以追逐自己的理想，只要它不违背法律或伦理，并且你能靠它养活自己。同时，你必须明白，在你达成梦想的过程中学习会起到怎样的作用。

换句话说，我们需要帮助孩子理解：他们不一定非要随大流将自己变成一个学霸，但是他们需要知道：1）自己将来真正想做的事是什么；2）若要达成自己想做之事，应该花费多少精

力，拿到多高的文凭，是初中毕业就行，还是至少得大学毕业？

当孩子年幼时，他们可能并没有如上述这么清晰的思考和规划。这时，就需要家长注意几件事：

1）注意观察孩子平日在哪些方面具备一定的天赋，对哪些事情感兴趣。你需要从孩子生活中的细节，比如他们花费大部分时间关注的事物，平时与同龄人聊得最多的话题等，来找到蛛丝马迹。

2）为他们创造机会和条件，用一种鼓励而非功利的方式让他们更多地接触自己感兴趣的事，而不要盲目随大流催促自己的孩子去学其他人都在学的课程。比如一位妈妈，她发现自己4岁的儿子并不像大部分男孩那样对模型感兴趣，反倒是在给小朋友讲故事时绘声绘色。于是她给孩子报了讲故事课程，并鼓励儿子先从自己感兴趣的书籍读起，逐渐积累。在别的家长看来，她属于剑走偏锋。几年后当孩子上小学时，她的儿子成了年级里语文成绩最好的学生，并且男孩已经养成了阅读的习惯，开始享受阅读了。

3）当看到孩子在某些领域哪怕有那么一点点成就和天赋展现时，记得及时给他们点赞。请注意，所谓点赞，绝不只是空洞的一句“你真棒”。你需要以孩子确实获得的具体成绩为依据，有理有据地夸奖孩子。比如，你可以说：“今天你做的这个模型不但比例很合适，姿势很威猛，而且你在那么多颜色里找到了最适合它的颜色，还把它们用在了该用的位置。你看你涂在这个变形金刚手臂上的红色，和它肩膀的蓝色看上去就很搭配。”这样具体的夸奖会在孩子脑中留下更加深刻的印记。

4）必要时，在条件允许和保证安全的前提下，可以带孩子去体验一下与他们感兴趣的事相关的职业环境。比如一个11岁女孩很喜欢画漫画，不想上学。爸爸便找机会带女儿去自己的一位朋友开办的漫画工作室，让她跟着一个工作组，观摩他们的创作过程。经过两个月的漫画创作生活体验后，女儿明确了一件事：未来要创作属于自己绘制风格的漫画。她同时深刻体会到：在实现自己的理想前，她需要有扎实的绘画基础，包括二维世界空间构图功底、人物体型比例设计等。这样一来，本来觉得学习无意义的女孩反倒找到了学习的目的：她要考上自己心仪的艺术类院校，为自己未来的漫画梦打牢专业基础。

5）如果你是孩子的父母，记得在孩子面前表达你对自己和对伴侣的职业成就的欣赏。这样做的目的不是非要让孩子以后从事和你一样的工作，而是潜移默化地让孩子体验到父母的职业成就感，让他们间接体会到有一份自己追求的事业和梦想，其实是一件让人感到幸福的事。这种想到理想时的幸福感，会成为日后他们面临挫折时填满他们内心的能量，帮助他们度过沮丧的时期。

上述方法可以帮助你避免培养出“空心病”的孩子。如果你的孩子年龄再大一些，特别是到了青春期后出现对未来的迷茫时，那你可能就需要同时做以下四件事：

1）允许孩子有一段迷茫、困惑及不安的时期，千万不要急着催促他们找到新目标。你只需要定期关注孩子的情绪状态，询问他最近是否有新的想法即可。

2）如果孩子愿意与你讨论，请用尊重和平等的态度，开放地与他讨论你们各自对未来的看法和打算。即使你们观点不一致，也千万不要急着评价或者反驳孩子，因为那样极其容易激起青少年的对抗情绪，而当孩子的对抗情绪产生时，就事论事的理智讨论便很难继续。你不妨先听听孩子的想法背后的依据，然后也试着用你的依据去和孩子讨论。比如，你可以这样表达自己的看法："这件事我觉得你说得有道理，我的看法是……我这样说的依据是……"避免用指责的语气跟孩子说诸如"你为什么要这样想？""你这样想不对""你一定要……"之类的话。即使你们一时无法达成共识，也不要想着去驳倒对方，就像学术讨论遵守的核心原则一样：我可以坚持自己的观点，但我不会贬低你的想法，也不会去剥夺你表达自己观点的权利。

3）如果你们条件允许，孩子也愿意，可以效仿上一页第四条，鼓励孩子去尝试设想的各种未来的生活。比如孩子想做一名歌手，那你不妨让他运用身边的资源体验一下歌手的生活，生活的尝试自会给他们答案。

4）给孩子去尝试他们未曾做过的，但心里一直想去完成的，对他们来说有意义的事情的权利。我曾经见过一个在大一时万念俱灰，浑身充斥着生命无意义感的医学院男孩。他看过医生，也吃过抗抑郁药，父母的道理也讲了一大箩筐，但始终没用。最后，我建议他想想自己未来一年内想做的，从未曾尝试过的，对他来说有意思的五件事情（当然不能违背法律和伦理）。“如果你实在想不出，可以就地通过自己的行动去尝试。”我这样建议他。

后来，男孩去尝试的事情有：属于他自己的一次说走就走、走到哪里算哪里的旅行；蹦了一次迪；和同学组队参加了一次当地的业余电竞比赛；一个人跑到地铁站卖唱了一次；写了一封情书给自己喜欢的女孩。

我问男孩做完这些事的感受。他说：“我过去觉得自己的人生，就像一部在按照别人设计好的剧本上演的电影，在20多岁时就能看到自己五六十岁时坐在医院里给人看病的样子。但现在我突然觉得，其实我的生活也可以变成一场现场直播的电竞比赛，你永远不知道下一秒会发生什么。这样的生活才有趣！”

我问他：“那你现在想到下一场比赛会在哪里吗？”

男孩笑着说：“是大学，那里就像我打怪升级的场地，我需要去那里学习一些必要的技能，积累经验，拿到本科文凭，不然我连去做自己喜欢的事情的资本都没有。”

后来，我听说这个男孩大学毕业后没有做医生，而是自学了编程，自己创业开了一家医疗系统操作平台开发和维护公司。

案例：怀揣职业电竞梦的游戏男孩

“你才15岁，不去上学，以后能干什么呢？就这样天天玩游戏，浪费生命吗？”

“那你呢？你读到硕士，去美国留过学又能怎样？还不是一天到晚被你老板使唤，像机器人一样天天苦哈哈的，没有自由，你的人生又有什么意义？”这是坐在我咨询室里的G男孩怒怼姐姐的话。

和许多不上学的学生相似，G男孩在决定不去学校前并没有经历明显的学业和同学人际关系方面的打击，家庭里看上去也没有特别的冲突。他心中就一个念头：学习没意思，成绩好的人生也没什么意义！当他说出这番话时显得异常平静，眼神中却带着对自己未来的迷茫。他的心是空的。

之所以叫他G男孩，是因为游戏是现在唯一能让他提起兴趣的东西：“我觉得自己就是Game Boy（G男孩）。”自从半年前决定不去学校后，他就天天在家玩游戏。G男孩喜欢的游戏不少，包括吃鸡（《绝地求生》）、《皇室战争》、LOL（《英雄联盟》）都是他的最爱。

现在他每天至少要花费10小时在游戏上，而这样的生活方式肯定是父母无法接受的，在他们眼里打游戏是不务正业。“万般皆下品，唯有读书高。”父母之所以这样想，一是因为他们两人都是高学历精英，二是因为他们的大女儿——比G男孩大9岁的姐姐，也是学霸，美国名校硕士毕业，现为一位从事金融行业的“白骨精”（白领、骨干、精英）。

很显然，在这个家庭里，姐姐是家族的骄傲，而G男孩则是家人都不愿提起的痛。

父母试过很多方法，但不论威逼还是利诱都没用。因为在G男孩看来，读书只是家长分配给他的一份“工作”，这份“工作”无法给他带来任何乐趣。他自己也没有想要通过取得好成绩获得外界认同的渴望，以及通过考上好大学谋一份好差事以养活自己的紧迫感。他的内心满是生存的空洞感。

“能告诉我你为什么那么喜欢这几款游戏吗？”我并没有急着去和他讨论上学的事，而是去询问他好奇的游戏，因为我自己也是一个资深玩家。

G男孩有点警戒地看着我：“你是不是想先假惺惺地问我玩什么游戏，借此和我拉近关系，然后问我为什么不上学，帮我父母劝我回学校？我不吃这一套！”

我没有解释或反驳：“听你姐说你喜欢玩LOL，你有喜欢的电竞选手吗？Uzi（被称为国内电竞第一人，著名LOL电竞战队‘RNG’选手，据说他年收入超过2亿）？厂长（也是国内顶尖的LOL电竞选手）？”

G男孩看上去有些意外，显然他没想到从我这个看似一本正经的，和他父母、姐姐一样高学历知识分子的口中会说出这样的话。“哦，我虽然喜欢他们，但他们不是我的偶像。我的偶像是SKY。”

“哈，‘人皇’李晓峰[①]，我也很喜欢他，因为对手明知道他下一步要干什么，但就是什么都做不了。”我有些兴奋地回应。

男孩也兴奋地说：“是啊，而且他是白手起家屌丝逆袭的典范，完全靠自己努力拼搏出来的成绩，我很佩服他。”

“但那是不务正业，青春饭，迟早有一天要后悔的。”爸爸反驳，妈妈和姐姐也在一旁点头。

“后悔？”G男孩语气中明显带着不屑，“你知道Uzi一年赚多少钱吗？他上过央视新闻，一年赚的钱比你一辈子赚的钱还多，你说他会后悔，搞笑吧？”这个男孩明显对父母和姐姐的价值观极不认同。

我用手势向爸爸表示安慰，并示意他少安毋躁。我问：“那

---

① 李晓峰：中国第一位《魔兽争霸》世界冠军，魔兽WCG大赛首位双冠王，曾经的中国电竞第一人。他最擅长用的种族是人族，所以大家送他外号“人皇”。

你以后在游戏这方面有什么追求吗？打算成为像SKY和Uzi那样的职业电竞选手吗？”

“其实我蛮想的，现在我已经在尝试了。每天我会在家打一些业余排位赛，比如《皇室战争》[①]，每天我大概会用4小时的时间去打练习赛。”

“哦，我算算。如果3分钟一局，你每天大概要打80局。感觉怎么样？”我问。

“还行吧，感觉自己在战术策略和操作方面还有一些天赋。我也跟他们（父母）谈过这方面的想法，但他们不接受。”男孩埋怨着父母。

“因为那样你没法养活自己啊，而且你才15岁，你该做的事就是读书。”妈妈反驳道。显然，家人和儿子不是生活在同一个世界观维度的人。

我作为医生，不能只偏向G男孩而不顾他父母的感受。我挑战男孩：“你父母说的是个现实问题，你能否养活自己？对这一点你有什么想法？如果走电竞这条路，要怎么走？我虽然也玩游戏，但我有点太老了，对现在职业选手的成长过程我不熟悉，你愿意告诉我吗？”

---

① 《皇室战争》：由芬兰游戏公司Supercell所推出的一款包括即时策略、MOBA以及卡牌等元素的手机游戏。

“好吧。如果我要成为职业选手，那我可能要加入一个像RNG或EDG这样的俱乐部，成为一名试训选手，接受他们的训练。然后要参加选拔，成为二线选手，然后才是正式队员。”

“那大概要花多少时间？”我继续问。

“每个人不一样吧，要看努力程度和天赋。”

“哦，那你觉得自己和大部分玩家比起来算哪个水平？”我饶有兴致地与他探讨。

“嘿嘿，我觉得我算一般水平偏上吧，还是很有天赋的，只是我父母不相信，也不理解。”

“我们确实不理解，打游戏也能养活自己？”爸爸回应。

“据我所知，确实有职业电竞选手，他说的那些人我知道。”我平静地回应父亲。我无意帮他的儿子来反驳他，而是希望能帮他们创造一种开放沟通各方观点的氛围，因为这就是他们家庭当下缺乏的东西：父母和孩子几乎都听不进对方的想法，他们在谈话前就已经提前预设，认为对方的想法是不符合实际的。

我问父母：“如果理智地去想刚才他说的计划，你们怎么看？靠谱吗？”

“刘医生，其实我也查过一些资料。但我觉得他能够成名的可能性很低，就像娱乐明星选秀，最后成名的就那几个，大部分人不还是当炮灰吗？”妈妈回答。

“你们不让我试试，怎么知道我不行？反正在你们眼里，我就是不如我姐。”男孩愤愤不平地说。

“我知道你很想用行动证明自己，”我一边安慰着他，一边转向父母，“我有个疯狂的假设，如果先不考虑他行不行，就让他去参加一段时间试训，你们觉得后续发展会怎样？”

“这……确实有点疯狂，我们也不知道会怎样，”爸爸有些迟疑，“刘医生的意思是让他去？”

“不，这只是我的假设，不是暗示和建议，”我连忙澄清，“我只是医生，我无权为你们做决定，只是和你们讨论各种可能性。你们家目前似乎陷入了一种僵局，父母和孩子各有各的想法，并且互不相让。也不能说谁对谁错，就像一场拔河，你们越想让他上学，他越反抗。如果像这样继续拔下去，没有一方愿意做出调整或让步，你们估计结果会怎样？”

“两败俱伤，”男孩回答，“最后可能我书也没读成，职业选手也没做成，每天在家和他们斗。”男孩的回答简单明了，道出了许多被厌学困扰的家庭的发展规律。

“这……”爸爸皱着眉头，“给我们一些时间考虑一下吧。”

“谢谢你的坦诚，”我转向男孩，“你父母看上去也不是死脑筋，你怎么看？”

“说实话，他们的态度让我挺意外的，我没想过他们会愿意去考虑。”我们的第一次谈话就此结束，相约3周后再见。

3周后，这家人来见我时已发生了一些意想不到的变化。首先，男孩这段时间愿意间断地去学校了。我问他这种改变是怎么发生的，他告诉我已跟父母达成初步协议，父母经济上支持他去某战队试训半年，如果半年后不能转为二线队员，他便作罢，这段时间他们正在寻找合适的战队。

“和他们说好后，我感觉心里一下就通了，顺了，好像突然觉得未来活得有意义了。他们再跟我说上学，我也没那么烦了。”男孩说道。

人就是这样有趣，也许我们当下做的事不能直达我们心中的梦想，但只要怀揣一个自己渴望的将来，你的整体精神面貌便会不一样。这也许能解释为何当初马丁·路德·金一直用“I have a dream！”来激励美国的黑人民权运动。因为他也许最清楚，每个人心中都有一个梦，人们一时的消沉，不是因为他们无用，而是因为他们没有和自己的梦想相会，没有让梦想燃起。

6个月后，一家人再次来见我。这一次，男孩再次给了我一个意外，他说自己暂时打消了成为职业电竞选手的想法。我问为什么，他说：“这3个月给了我完全不一样的感觉，我去的那个战队有几十名训练选手，大家住在战队租的一栋集体宿舍里面。那里管理很严，每天我们早上7点多起床，洗漱吃饭，然后8点半开始上班训练，中午休息一个小时，下午继续练到6点。每天如此，完全是半军事化管理，每周只有周日可以休息一天。其他时间，比如晚上，要请假获批才能出去，不然私自出去被抓住或者晚归会被扣分和扣钱。”

男孩说，在那里都是怀揣电竞梦的同龄人，每天大家都在进行忘我的高强度训练，几乎天天都有新人来，旧人走。而离开的队友们，许多也是因为承受不了训练的强度和严苛。

“许多小孩本来有网瘾，到那里反倒把网瘾治好了，”男孩有些自嘲地说，“那里比我厉害、比我拼命的人有很多，我还是有自知之明的，我觉得我拼不过他们。”

“对啊，所以现在看来让他去体验一下还是好的，这下也知道现实情况是怎样的了。”爸爸在一边附和道。我发现这一次，男孩没有反驳爸爸。我没有去评价男孩，而是问：“那接下来你有什么打算呢？”

“未来要做什么工作还没想好，再说吧。我觉得还是回去上学，起码拿个大学文凭吧。虽然我不喜欢读书，但文凭是块敲门砖，如果我连这块砖都没有，估计以后也做不了什么。”男孩回答道，一如既往地冷静。

我们相约3个月后见。再见面时，男孩又长高了一些，看上去精神状态比之前好了许多。我问他最近做了哪些有意思的事情，他说：“刘医生，我一直想跟你说，你很特别。你是唯一一个从不劝我去上学，但又能让我回去上学的人，你也是我认识的唯一一个能把游戏搞得那么透的医生。”

男孩告诉我现在的课业他应付得来：“因为父母也不期待我

成为学霸。”他也有了新的爱好：在课余时间做游戏和漫画手办。他在自己家里建了一个微型手办工坊，利用业余时间做的一些手办还能赚点小钱。

“现在我在我们同学里算个小富翁了。我想，以后我要去看哪所大学有相关的动漫手办设计专业。”男孩有些得意地说。

我能从男孩眼中看到梦想闪烁的光芒，也能感到这种光芒在逐步驱散他那颗“空心”中积累的迷雾。虽然他未来究竟会做什么谁都无法预测，但这已不再重要。只要他心中怀有属于自己的理想，劳累时不再感到心中空空如也，受挫时心中依然有那个闪烁的让他想到便能重燃动力的梦，便足够了。

第十二章　发现孩子的资源，有技巧地为他们点赞

在第二部分我们提到，许多拒绝上学的孩子缺乏自信，他们在面对学业压力时总认为自己无法应对。而看到孩子在无助和自我否认中挣扎时，一部分家长的反应是讲道理，告诉孩子："不要多想，我告诉你这件事该怎么做，你应该……"这样的方式显然无效，因为问题应对技巧就像武功秘籍里的招式，而孩子对自我价值的认可就像内功心法。面对挫折和挑战时光有招式而无内功，焉能不败？

有的家长知道要为孩子建立自信，但在夸奖孩子时就是夸得不到位，让孩子听后觉得大人的赞扬很空洞，听了感觉像没听一样，无法激发他们对自己的认同。类似的点赞方式比如"你真棒！""你真好！""你很优秀！"但具体棒在哪里，优秀在什么地方，却说不上来。另外一部分家长则根本不认为自己的孩子有任何能力，他们用一种挑剔的态度评价孩子，而这样的方式是摧毁孩子自信的杀手。为了帮孩子重拾自信，我们有以下建议

给予家长。

对孩子的任何微小进步给予关注和反馈

帮助孩子建立自信的第一个杀手锏，是留意他们身上任何微小的进步。有的家长认为，夸孩子太多容易让他们骄傲。实际情况是，盲目、毫无依据和敷衍的夸赞容易让孩子迷惑，而具体、细致和精确的夸赞则是帮孩子建立自信的良药。它指的不仅是去关注孩子每日生活中取得的具体进步，还要记录其细节。比如，我在咨询中经常布置“记红账”的作业给前来求助的家庭，请他们记录两次咨询间歇期彼此身上具体的进步。一般来说，好的记录应该是“女儿最近每天晚上都是10点就睡觉”，而非仅仅是“最近她作息有规律了”；应当是“那天我注意到她用了1小时去专心分析一张试卷，并且中间没有看手机”，而非“最近她学习更专注了”。**你给予孩子的赞扬中所带的细节越丰富具体，带给孩子的愉快情绪体验越深刻，留在他们海马体记忆中的印记也越持久，对他们自信的建立就越有帮助。**

在你准备夸奖孩子之前，不妨做以下思考和准备：1）你最近看到了孩子哪些具体的行为方面的进步；2）如果你想到孩子的某个优点，在记忆里找一找最近这个优点在生活里有哪些具体体现；3）练习如何将你想说的优点直接、明确且具体地讲出来；4）如果你讲完后想给孩子提些意见，避免说“但是你……做得不好”，可以换个说法，如“如果下次你尝试一下……会不会更好？”

这里需要强调一点，当你表达对孩子的欣赏时，请不要装模作样地刻意为之，而是能够发自内心地理解和欣赏孩子。因为孩子的观察力常常十分敏锐，如果他们发现家长心口不一，只是假惺惺地夸奖和“巴结”他们，很容易对此产生反感情绪。这就是为何在上述四条建议中，前两条是希望家长能够真正欣赏孩子身上隐藏的优点。

记得有一个自称从未被父亲夸奖过的厌学男孩，我在第一次见完他们家庭后给他的父母都布置了作业：1）各自写出儿子过去做过的20件成功的事，2）记录到下次咨询开始前，他们看到的儿子身上好的变化。我当时半开玩笑地跟父母说如果他们写不出来，我下次就不再见他们，直到他们写出来为止。

后来，虽然父母像写学术报告一样艰难地完成了作业，但当我们当着整个家庭一条条地回顾父母对儿子的欣赏时，我分明看到了男孩眼中的光芒。这个男孩经过两次家庭治疗后便重新回到了学校，而我作为他的心理医生，其实并没有做什么惊天动地的事，只是作为一面充满欣赏眼光的镜子，邀请他的父母及男孩自己去关注他的优点。

在家庭治疗专业上，我们将这种暂时把缺陷和问题放到一边，通过关注和放大来访者优点，进而帮他们获得信心，应对生活挑战的心理治疗观念称为“资源取向”，它在多种临床心理问题中的治疗价值已经得到大量研究的证实。

我们也在日常心理咨询工作中发现，其实并不存在完全没有烦恼的人，而那些不易被挫折击败、心理弹性更高的人，他们更善于关注自身积极的特点，更善于在黑暗中找到希望。相应地，他们也更少出现情绪困扰。毕竟，人生苦短，我们总需要一些超越别人的安全感，一些达到目的的成就感，需要一些自己老了以后能够记住的骄傲的时刻，这样的人生才有价值和奔头。

换一副积极的“眼镜”看问题

心理治疗的叙事理论（Narrative therapy）中有这样一句话：现实不是被发现的，而是被发明的。意指某件事，我们从一个角度来看也许是一件坏事，但若换其他角度去看它其实是一件好事，能给我们的生活带来积极的影响。当你习惯戴着这样一副积极的“眼镜”去看待世间万物时，你会看到不一样的现实，厌学也不例外。记得曾问过一个因为父母婚姻冲突而无心上学，来找我咨询的15岁厌学女孩：“如果你这次不想去学校的事再晚两年发生，你估计结果会怎么样？”女孩说：“到时候我上高三，估计我会担心父母担心到连高考都参加不了，人生可能就废了。现在想想，这个情况在我高一时出现也是件好事，起码高一学习负担我还能应付，我还有时间和精力让父母一起来处理我们家的问题。虽然耽误了一年，但现在我父母的婚姻矛盾算是暂时得到了缓解，我暂时不必为他们担心了。”

还有一位13岁厌学男孩的妈妈在咨询临近结束时说过：“以前我觉得儿子拖拉是坏事。和你谈过以后发现，拖延症也有好处，起码可以让他在觉得压力大时发会儿呆，让大脑休息一下。如果他没有拖延症，以他那种较真儿的性格，估计早就得焦虑症了吧。而且拖延也让他有机会去接触一些同龄人该接触的事物，他才能交到那么多朋友。”这位单亲妈妈离婚后独自抚养儿子，她平日严于律已，极少允许自己休息，几乎没有朋友。她原本打算把孩子培养成和自己风格一样的人，结果孩子“很聪明地”阳奉阴违，用拖延为自己找乐子，反倒成为一个和妈妈风格迥异、极会享受生活的人。最初妈妈难以接受儿子与自己的不同，但后来在咨询中我们不断邀请妈妈去看到孩子拖延的“好处”和意义，她开始意识到拖延其实是帮助孩子缓解心理压力的一种有效方法。之后她再看到孩子偶尔偷懒，也不再抱怨了。孩子在妈妈的抱怨逐渐减少，体会到更多来自妈妈的积极情绪后，面对学习的态度便更加轻松了。

同样是一个不上学被诊断患了抑郁症的14岁女孩，每次她只要情绪低落一发作，她那脾气暴躁的爸爸便会立即收敛。女孩在咨询中说："我不敢让我的病好，因为如果好了，我爸可能又会变回原来暴躁的样子，又会打我和弟弟，还会骂我妈，家里就会成天不太平。"我回应她，试图邀请整个家庭换一个角度去看待女孩的症状："所以听上去你真的很在乎你的家人，你很怕他们彼此有冲突，很希望他们能和睦相处，但你又不知道该如何做到这一点。所以这时候抑郁症出现了，它让你们家人变得团结，共同对抗这个'病'。其实，我也不建议在你们一家人找到新的相处办法前，就让抑郁症这个东西离开。所以你不用好得太快，可以借此机会多给自己和家人一些思考和改变的时间。只是这样一来，你付出的代价似乎会比较大，包括用刀伤害自己。所以你要不要考虑一下，在尽量减少对自己身体和前途伤害的前提下，继续把你的抑郁和厌学这两个工具利用好，来维护你们家的和谐？"一家人眨巴着眼睛看着我，似乎他们从未听过对女儿症状如此特别的解释。而这个聪明的女孩则回答道："我懂你的意思，我想以后我可以在适当的时候表现得抑郁，只要能让我爸不发火就行了。"

上述例子告诉我们同一个道理：同样的人，同样的事情，同样的行为，你对其背后的意义有一个不同的、积极的解读后，就会对其产生不一样的情感，而不一样的情感会促使你对其采取不一样的行为和反应。就像上面案例所讲的，家长对孩子的厌学、拖延和抑郁有了不一样的理解，便不再如当初那般焦虑和抓狂，对孩子的康复进度自然不再催促。这样一来，孩子便能得到更多来自家长的理解和支持，情绪及学业的恢复便会有更多的机会。

在心理学专业上，我们有一个术语——改释（Reframe）——来定义这种换一副积极的“眼镜”看待事物的现象。改释，即改变对某件事的理解和解释。因此，当你和孩子一起面临某些挑战时，当你为孩子的某些行为抓狂，认为他们的言行或想法不可理喻时，可以试着参考以下方法来帮助自己看到问题积极的一面：1）思考他们这样做的背后有什么不为你知道的意愿和考虑，并试着去询问和了解；2）和孩子一起思考，目前的困境有没有带来什么你们未曾注意到的好处？比如，是否让你们家庭某些矛盾得到暂时的缓解，或是可以帮助孩子避开某些麻烦；3）如果孩子愿意，和孩子讨论你们的这些新看法。如果孩子不愿意，可以和你身边信任的人讨论，比如你的伴侣。

该放手时就放手，别剥夺孩子享受成就感的权利

我经常在咨询中遇到这样的家庭，父母一边说要对孩子放手，把决定和尝试的权利给孩子，一边又对孩子做的许多事都不

满意，事事为孩子代劳。而孩子则是一边抱怨父母管得太多，自己没有自由，一边又事事都要父母为自己做。双方都显得言行不一，做着自相矛盾的事，却又都不自知，结果双方都满腹怨恨。

父母凡事都要为孩子做决定和代劳的做法，会直接剥夺孩子享受成就感的权利。因为许多时候，关键不是目标能否完成，而是目标是由谁通过怎样的方式完成的。通过自己的努力一步步“打怪升级”达到目标的孩子，不但能积累大量经验，而且在成功时的那种成就感更加酣畅，印象更加深刻。相反，被家长剥夺了历险和升级过程体验的孩子，则很难体会到经过自己努力克服困难达到目标后的成就感。因为无法体会成就带来的快感，所以他们对自身成就并不会有太多渴望，对学业不佳也不会有太多的挫败感。因为不管成不成功，他们在情绪和现实层面都不必负责，都有父母为他们托底。

明智的家长应该知道何时从孩子的哪些生活领域里抽身而出。一般来说应该是：在孩子3岁时，退出孩子的吃饭过程（即不要再喂饭，或者过度控制孩子吃饭的过程）；在孩子5岁时，退出孩子的卧室（让孩子分床分房间独自睡）；在孩子6岁时，退出孩子的浴室（让孩子自己学会洗澡）；在孩子8岁时，退出孩子的私人空间（不要未经同意随便进出孩子的房间）；在孩子13岁时，退出整理厨房（教孩子做饭和自己收拾厨余垃圾）；在孩子15岁时，退出为孩子整理家务（不帮孩子叠被和整理房间）；在孩子18岁时，退出孩子的个人选择（尊重孩子在专业、事业和择偶上的决定）；在孩子婚后，退出孩子的小家庭（不要干预孩子的小家庭生活）。

如果你想帮助孩子找回自信，培养出有担当且独立的孩子，增强心理应对弹性，不妨尝试上述建议。

案例：善于自黑的拒学女孩

新瑜是一个17岁的高三女生，她应该算是我的来访者中比较特别的一个。之所以这么说，是因为我极少看到她笑，而且她似乎天生就具备一种用黑色幽默自嘲以及发现事物阴暗面的能力。比如提到她和同学的冲突，她总会先声明："因为我就是宇宙超级无敌烂少女，我身边就是有一个黑暗光环，身边的人一下就可以感觉到。而且如果我和某个同学关系好了，哪天他离开我的话，我会很伤心的。"所以同学们总是觉得和她聊天很丧，因为会接收到许多负面的信息。

另外，用新瑜自己的话讲，她是在交友方面有一定精神洁癖的人。如果一个和她要好的同学跟另一个她讨厌的同学走得近了，她便会毫不犹豫地和原先那个要好的同学绝交。也正是因为这种非黑即白的人际交往方式，新瑜在学校几乎没有要好的朋友。似乎全班的同学都不想去碰新瑜这个“精神洁癖患者”，因为他们害怕自己不小心跟某一个新瑜讨厌的人有交集的话，又会招来她的不满。所以，新瑜在学校感到异常孤独。

在经历了一段时间班级边缘人的生活后，新瑜再也不想去上学了。她说：“一到学校，我就感觉大家把我当怪物看，没有人和我说话，感觉像掉进了黑洞。”

“你不要这么想。你看你就是没恒心，没毅力，一点小事就受不了。”新瑜刚说完，妈妈立即开始批评女儿。听闻妈妈此言，新瑜白了她一眼，然后便低着头不再说话了。

“你妈妈在家里也会这么跟你说话吗？”我注意到了女孩的反应，连忙追问。

“我早就习惯了，她一直都这么说话。反正在她眼里，我就是个飘浮在宇宙中的‘垃圾’，活着浪费空气，死了浪费土地。”新瑜再次用她的黑色幽默自黑。

“你不是垃圾。你看你总是用极端的方式想问题，你就是自卑。”妈妈反驳。

“是的是的，我的脑回路就是和正常人不一样，行了吧？”新瑜不阴不阳地回应道。

这对母女的互动有一个很特别的规律。不管新瑜说什么，妈妈给的回应都是批评和人格评价。而面对妈妈的指责，新瑜的反应则是自我讽刺式的自黑。而且从新瑜的反应来看，妈妈这种只关注她的缺陷的沟通方式已有一段时间了。

我试着挑战妈妈："我猜你刚才说话时是想快点让她振作起来，那你估计你这么说时她心里是什么感觉呢？"

"医生，我跟你讲，我真是快被她气死了，我急死了。她现在不上学，每天在家唉声叹气……"妈妈似乎并没有听到我的问题，继续表达她的焦虑。

"对啊，我就是很善于让人生气，你再说也没用。"新瑜继续自我嘲讽。

我决定帮新瑜找找自信："你知道吗？虽然和你谈的时间不长，但我发现你有一个了不起的能力。"

女孩眼神中闪过一丝好奇："真的吗？你发现了我的什么能力？"

"我发现你有一种用黑色幽默缓解尴尬的能力，刚才你和妈妈接连说话不愉快，你都用很精准的自黑化解了。"

"真的吗？"新瑜语气中明显带着一些意外，"我从来没有这样想过。同学们都觉得我这样说话很丧，说和我聊天容易让他们情绪低沉。你是第一个这么说的人。"

"也许他们有不同想法吧，但我真的觉得这是你一个了不起的技能。你是怎么学到的？"我猜测女孩这种自嘲的应对方式可能和父母有关，所以追问她。

新瑜再次用她那双大眼睛白了妈妈一眼："都是因为她。从小在她眼里，其他的孩子都是‘别人家的孩子’。我做什么她都看不顺眼，觉得我什么都不如别人家的孩子，甚至有时候能连续骂我四五个小时，骂到我跪下来求她别骂为止。”

“哪里有那么夸张？我都是为你好，所以多唠叨了两句。”妈妈申辩道。

我没有马上回应妈妈，而是继续问新瑜：“请说得清楚一些，妈妈唠叨和你的黑色幽默有什么联系？”

“最开始我会和我妈吵，或者憋在心里难受。但后来我发现，只要我自黑一下，把自己说得一无是处，她就无话可说了，就消停了。再到后来，我自嘲就成习惯了。”新瑜解释道。

看来，人的任何行为会持续下来，一定都有它的作用。而在这个家庭里，女儿在用几近荒唐的自黑保护自己，将自己和妈妈的焦虑隔离开来。然而，谎言说了千遍也会成真。即使新瑜的学习成绩还不错，但自小从妈妈口中不断传递给她的否定和贬低，渐渐成了她用来编织自己生命故事的原材料。而在她的生命故事里，自己就是个一无是处、人见人厌的“行走造粪机”（这个比喻也是新瑜自己发明的）。

带着这样消极的生命故事和自我评价，新瑜在和同学们交流时变得特别敏感，她很害怕别人不喜欢自己，总担心自己因某些细节做得不到位会得罪同学，总担心同学在背后说自己不好。但她又很希望得到同学的认可，所以她总是在和朋友交往时“用力过度”，一边不惜牺牲自己的利益讨好朋友，一边又因为害怕他们会离开自己而反复去向别人求证，要朋友保证对她永不背叛。她不能忍受与朋友的友谊被别人分享，因为那些和她分享友情的人对她来说都是一种威胁，她害怕他们会抢走自己的朋友。而朋友的离开，也意味着对她个人价值的全盘否定。

每当新瑜感到自己的友情可能会被别人抢走时，内心的恐惧便油然而生，并且被过度夸大。这时，她要么和朋友大吵大闹，试图留住他们，要么索性直接和对方绝交，以此回避可能被朋友抛弃所带来的痛苦。毕竟，与其让你离开我使我痛苦，不如我先离开你。这种行为在同学看来自然是不可理喻的，因为他们没机会、没精力，也没有义务去仔细了解新瑜内心的这种恐惧和矛盾情绪。因此，要改变新瑜与同学的人际交往状况，治本的方法是提高她的自信，帮助她获得对自我的认可。

我试着邀请妈妈去表达对新瑜的欣赏：“你印象中女儿有什么优点吗？”

“优点？我觉得她很聪明，以她的脑子完全可以考个清华北大的。现在她为了这点小事不上学，太不应该了，医生你说……”妈妈完全被焦虑控制了，继续指责女儿。我必须打断她：“那你说说看她有多聪明？具体的表现是什么？”

“一般别人用10分钟做出来的题，她四五分钟就做出来了。我就是觉得好着急啊，医生……”妈妈又准备继续抱怨，但还是被我打断了："我能感觉到你很着急。不过要帮新瑜，我们要慢一点，先给她一些信心，你愿意一起试一试吗？"

"哦，好的，刘医生，我听你的。我很相信你的，她来之前也看过你的介绍，她也很崇拜你。"妈妈回答。看来，这位妈妈是个直肠子的人，她更能吸收的是我给出的直接建议，而不是绕弯子的提问方法。

"好，那请你说说看，她还有哪些优点？"我继续追问。

"她人还不坏吧，就是有时候太死心眼。"妈妈又来了，显然现在要她马上看到女儿的优点有些强人所难了。于是，我决定接过夸奖新瑜的话筒。我问女孩："我们做一件有意思的事吧？如果把你从出生到现在的经历拍成一部电影，你觉得会是一部什么类型的电影？功夫动作片？历险片？纪录片？文艺片？"

新瑜显然对这个比喻很感兴趣，她眨了眨眼睛："好玩，我觉得是玄幻历险片。"

"如果给电影起个名字，会是什么名字？"

"嗯，《魔法少女生存记》，嘿嘿。"

"说说看，为什么起这个名字？影片的内容是怎么样的？"我继续问。

"这个女孩出生在一个有些动荡的家庭。她妈妈是一个嫁到城里的村姑，被老公家的人看不起。但是呢，这个妈妈很聪明，是她婆婆家的几个儿媳妇里面最能干的，只是婆家人一直嫌弃她。后来这个妈妈生了一个女儿，一直跟女儿说要女儿为她在婆家人面前争口气。女儿从小就接受妈妈的魔鬼式训练，让她上最好的魔法学校，冬练三九，夏练三伏，不停地打怪升级，像哈利·波特一样。女孩上高中后遇到一个大Boss，就是她魔法学校的同学。他们会挖苦魔法、讽刺魔法和间接打击魔法。女孩打不过他们，就被PK下来了。”新瑜描述道。

“那她很厉害啊！这个女孩打了哪些怪，她又是怎么打过的呢？”我饶有兴致地问。

“她啊，她很善于技巧。比如，如果妈妈跟她唠叨时，她就会说‘我要去练习魔法（学习）了’，或者有时候她会去跟爸爸说，让他用哄人魔法照顾妈妈。因为她知道，只要妈妈和奶奶起冲突时，爸爸能站在妈妈这边，妈妈心情就会好许多，她就不用遭受妈妈的抱怨魔法攻击了。现在她还学会了一个新技能，就是用自黑系魔法，这种魔法能让妈妈闭嘴，嘿嘿。”

“所以她不仅会魔法，还有出色的谋略头脑，很会借力打力。那她这10多年还修炼了哪些能力啊？”我继续借这部“人生电影”探讨新瑜的资源。

“她还喜欢画画，画了许多插画和漫画，而且好多画在魔法圈还挺受欢迎的，虽然她父母不喜欢。”

“是吗，可以给我看看吗？”我很期待地问她。“好啊！”新瑜很高兴地拿出手机，给我看了一些她的插画作品。她的作品虽然色系偏冷，人物表情偏忧郁，但构图比例恰到好处，层次分明，并且是那种兼备细节的简笔漫画风格。并且你能从她的画中看出她经历的悲伤和无奈（因为她的作品也会在个人微博和网站展示，为了保护她的个人信息隐私，我不能在本书中展示）。

我补充道："我发现这个魔法少女还有一个很厉害的技能，她拥有把所经历的生活都很精准地收入画中的能力。"

"咦，真的吗？"她眼中闪过一丝欣喜，"好耶，我从没被人这么说过。"

很明显，这个女孩很需要别人的认可。我继续说："而且我发现这个魔法女孩还能用幽默的方法将自己过去的不开心讲出来，她是我见过的最有黑色幽默天赋的人，你估计她以后会转行做一个幽默大师吗？"

"你真的那么觉得吗？"新瑜身体前倾，表情中写着兴奋，"我从没想过自己还有这个优点。"

我补充道："而且这个少女很勇敢，她是我见过的所有17岁女孩里，为数极少的敢直接和自己不喜欢的人说'不'，敢走进我们这家精神科医院，第一次见我就敢跟我说自己不开心的人。她也是世界上少数敢于直面自己内心恐惧，能用那么有趣的方式自我反省的女孩。据我所知，大部分人是活在虚幻的自信中，不敢面对自己。我猜她这样的女孩估计全中国不超过10%吧。"

我能看到新瑜脸上微微泛红，也注意到她的双手因为兴奋而微微颤抖。我接着对她和同学的关系进行改释："而且我发现她特别能忍辱负重，当她看到要好的同学要被抢走时，她会忍着不说。我想不是因为她怕那些抢夺她友谊的同学，而是她想要保护那些和她关系要好的朋友，不想他们卷入这场冲突。她都是把伤痛默默放在心里，小心地管理它，不让它影响别人。这是多了不起的能力啊！"

听到此处，新瑜流泪了。我知道溶解在她眼泪中的，是埋于心中多年的委屈。这份委屈过去如坚冰一般扎在她心中，无人知晓，无人理解。而此刻，这份委屈终于被看到了，而理解便是融化坚冰的最佳溶剂。当委屈融入眼泪流下时，女孩心中的悲伤才能得到安抚。

此刻坐在旁边的妈妈似乎也平静了。也许她从未想过女儿心中对自己的人生是如此看法，也从未想过女儿原来有这么多优点，可能也从未想到心理咨询会是用这种"头痛医脚""声东击西"的方式去处理女儿的苦恼。

第一次咨询结束时，我给妈妈布置了家庭作业：写出女儿从小到大做得成功的10件事情，并且和老公一起写出女儿的100条优点。我也留了作业给新瑜：回去想想电影中的魔法少女对下一阶段历险有哪些打算。

之后和新瑜家庭的每一次咨询都很有意思，因为每次见面一开始时她都会先跟我说："刘医生，我最近又有×××地方不好了。”而她每次跟我列举的“不好”之处，她自己却都找到了解决办法。

而我的做法和第一次咨询几乎一样，都是坚定地去和她讨论她人生电影中的那位“魔法少女”曾经尝试过的，或是当下手中拥有的可以助她去应对这些困难的“魔法”（办法和资源）。我们讨论的具体主题包括：怎样在不太多地违背她个人意愿的前提下改善和老师、同学的关系，如何让她不过多地卷入妈妈和爸爸家人的冲突，以后她考上大学后如何处理和室友的关系，等等。

后来新瑜断断续续地去高中上课、补习和参加考试。在高考时，她拒绝了妈妈要她考清华、北大的期待，报考了上海当地一所大学，并且也被顺利录取。虽然妈妈心中依然觉得遗憾，但似乎她和新瑜爸爸也慢慢接受了这一现实。

让我印象深刻的是，在新瑜即将去大学报到的前夕，妈妈还是整天抱怨，说女儿没有听她的话，让她很失望。我当时布置了一个有点损的作业给女孩，让她回去买一把水枪，如果妈妈每天唠叨超过5次，就拿水枪往妈妈脑门儿上来一枪。这样的作业人畜无害，只是想传递一个暗示给这个家庭：现在的新瑜已经处于成年将要离家的阶段，她需要在未来慢慢学会对自己的决定、情绪和行为负责。而家长应当做的是看到和认可她的能力，鼓励她运用自己的优势去面对接下来“打怪升级”路上的挑战，而不是整天抱怨，让女儿带着对父母满满的内疚和焦虑上路。

有意思的是，那一次咨询后，妈妈也发生了变化。她开始把之前放在女儿身上的注意力转移到与丈夫的关系和自己的爱好上，她开始追剧，并学会了打麻将。这是一个好现象，因为当孩子像一只小鸟长大飞离这个家庭时，留在家中的父母成了两只“老鸟”，进入了“空巢期”。这时候，他们最应该做的事便是重新成为一对相亲相爱、彼此照顾和支持的夫妻。也只有看到父母恩爱，孩子才能放心远行。

后来，新瑜在遇到困扰时会不定期地来见我。她的情绪和学习状态早已恢复了正常，只是和我进行一些纯探讨的聊天。记得有一次，她说最近常梦到被高中同学疏远时的情景，她很害怕在大学这种情况会再发生。而我给她的第一反应是：“我又发现了你的一项能力，你能把恐惧都放在梦里去表达，而不让它们影响到你白天的正常生活。”

新瑜的表情告诉我，这个理解让她很意外，“我从未这样想过”。而后，我和她另辟蹊径，换了一个思路去讨论她的问题：我们讨论了如果在大学里要成功地让这种被同学孤立的情况再出现，她可以做些什么。

新瑜很聪明，她列举了多种可以让自己成功“入套”被同学孤立的做法，并且条条都讲得有理有据。在我们这次咨询快结束时，新瑜跟我说：“刘医生，你总能换一个角度帮我看到更多的可能性。通过刚才的讨论，我其实知道以后如果不想被同学孤立，自己需要注意些什么了。你真的挺厉害的。”

我说：“厉害的不是我，而是你自己。其实能力一直都是你自己的，只是你以前没有发现它们就在那里。”

当说出这番话时，我心里是真的这么认为。以新瑜的聪颖，她其实对自己未来将要面临的挑战早已有预见和对策。现在她不定期来见我，需要的也许只是获得更多的鼓励，以及对自己的认可。这份自我肯定，会成为支撑她日后面对生命挑战的坚实后盾。

而我，作为她的心理咨询师，需要做的只是扮演好一根拐杖的角色，在她低落时帮助她坚定不移地看到自己的资源，在她将要跌倒时扶她一把。我坚信，这位“魔法少女”本身就自带了“屡败屡战”的无限重生和自我恢复魔法，足够支撑她面对未来的挑战。只要未来她遭遇迷茫时，记得自己的珍贵，懂得自己的珍贵，便足够了。

结 语

写到此处，我已没有更多想要和大家分享的了。只想再次与各位老师、家长和同学们共勉，其实“厌学”本身并非问题的本质，它只是孩子身处的系统出现了问题的表现。所以，孩子不该成为那个被单方面苛责的对象。

我们需要做的，是了解究竟在孩子身后的社会、学校和家庭系统中发生了什么，让我们的孩子无法继续上学。作为家长，我们需要去面对我们自身的不足，去勇敢地自我成长，去理解孩子们的苦恼，听到孩子们的无奈，坚定地站在他们身边，给他们合适的期许，帮他们看到自己的资源，与他们一起寻找面对挑战的各种可能性，而非不顾上述种种，一味地想着要让他们老老实实地回去上学。

我一直很喜欢电影《无问西东》里的一段话：“如果提前了解你们要面对的人生，不知你们是否还会有勇气前来。看见和听到的，经常会令你们沮丧。世俗是这样强大，强大到生不出改变他们的念头来。”

每个人也许都曾身陷世俗的迷茫中，不得不在意世俗希望他在意的那些事情。但起码，愿我们的每一个孩子都能找到属于自己的梦，将它播下，待它发芽。也愿每一个孩子，在遭遇打击时，记起自己的珍贵，在迷茫时，坚信自己的珍贵。愿每一个孩子都能爱自己所爱，行自己所行，无问西东。

愿每一个孩子，都能找到学习对于自己的意义，都能快乐地上学。

参考文献

[1] Ingles, C. J., Gonzalvez-Macia, C., Garcia-Fernandez, J. M., Vicent, M., & Martinez-Monteagudo, M. C. Current status of research on school refusal. *European Journal of Education and Psychology*, 2015, 8(1), 37-52.

[2] Gonzalvez, C., Kearney, C. A., Jimenez-Ayala, C. E., Sanmartin, R., Vicent, M., Ingles, C. J., & Garcia-Fernandez, J. M. Functional profiles of school refusal behavior and their relationship with depression, anxiety, and stress. *Psychiatry Research*, 2018, 269, 140-144.

[3] Hendron, M., & Kearney, C. A. School Climate and Student Absenteeism and Internalizing and Externalizing Behavioral Problems. *Children & Schools*, 2016, 38(2), 109-116.

[4] 阿里斯特・冯・施利佩，约亨・施魏策. 系统治疗与咨询教科书. 史靖宇，赵旭东，盛晓春译. 商务印书馆，2018.

[5] 苏珊·约翰逊. 婚姻治疗的九个步骤：情绪取向的婚姻治疗. 刘婷等译. 华东师范大学出版社，2011.

[6] Gilbert R. Bowen. 家庭系统理论之八大概念. 台湾婚姻与家庭辅导学会. 江文贤等译，2012.

[7] 萨尔瓦多·米纽秦，迈克尔·D. 雷特，夏尔曼·博尔达. 大师的手艺与绝活. 曾林译. 华东师范大学出版社，2016.

本书出版受以下科研项目资助：国家自然科学基金面上项目（81771464）、上海市卫生和计划生育委员会面上项目（201740020）、上海市浦东新区卫生和计划生育委员会特色专病项目：青少年抑郁障碍特色专病（PWZzb2017-03），特别鸣谢。